VIAJE

A LA MEDICINA

DE PLANTAS SAGRADAS

SAN PEDRO
& AYAHUASCA

Humberto Fortuna MA, MS

Scoop for Seniors, LLC

Derecho de Autor @ Scoop for Seniors LLC

—

ISBN 9798718499759

Diseño de portada por: Valeria Claiman

Editores en Ingles: Cindy VanDusen, Jerry Ruderman

Traducción y Edición en Español: Rosario Ortega M., Sabrina Betteto

Impreso en los Estados Unidos de América.

—

RECONOCIMIENTO

Me gustaría reconocer a Cindy VanDusen por su dedicación, comprensión y apoyo al escribir este Viaje a la medicina De Plantas Sagradas.

Ella es una amiga y colaboradora, no solo de mi vida, sino también de este libro.

Ella pudo seguirme en este viaje y transcribir los mensajes que recibí de mis Guías espirituales y Ángeles, al mismo tiempo que editaba el libro.

Sus habilidades personales y profesionales, así como su hermosa alma, es lo que hace que este libro fluya, mientras se les entrega a ustedes, los lectores, con amor, equilibrio y comprensión.

Cindy, desde el fondo de mi corazón, gracias.

AGRADECIMIENTOS

—

4

Un agradecimiento especial a mis editores en ingles, Cindy VanDusen y Jerry Ruderman por este libro y por su apoyo a lo largo de mi viaje, entregándoles mis mensajes.

 A las traductoras y editoras Sabrina Betteto y a Rosario Ortega M., por la versión en Español , por su dedicacion y colaboración para lograr ser lo más auténtico y exacto al libro publicado en ingles.

 A mi querida amiga y colega SoBe Cantillano por su apoyo y cariño de siempre.

A la vida...

            Llegamos a un cuerpo físico no para sufrir, sino para evolucionar, crecer y ser felices.

ÍNDICE

PRÓLOGO

Siempre me he considerado una persona compasiva y que ayuda al prójimo. Estuve al servicio de los demás durante mucho tiempo.

Desde temprana edad pude ver sus necesidades y siempre traté de ayudar, asistir. Obviamente, esto refleja una forma maravillosa de ser, pero cuando hacemos esto sin límites, o nos excedemos sin protegernos, no es tan bueno como parece.

Tomarnos el tiempo para descubrirnos y alinearnos con Dios, FUENTE DIVINA, o con quien sea o lo que sea, en lo que creemos, es cuando comenzamos el proceso de descubrirnos a nosotros mismos.

No es raro comenzar este proceso cuando nos encontramos en momentos difíciles de nuestra vida. Creo que no es relevante cuándo ni a qué edad comenzamos este proceso. Lo más importante es empezar.

Es maravilloso ser compasivo, pero me viene a la mente una canción de Freddy Mercury, "Too Much Love Can Kill You" (Demasiado Amor Puede Matarte)

Siempre he recibo mensajes en las letras de las canciones. He aprendido que, por lo general, demasiado de cualquier cosa no es bueno. Equilibrar y comprender la importancia de los límites, las leyes y las reglas a seguir son importantes y deben tomarse en serio.

Fueron creadas por una razón y para situaciones específicas.

—

Ser capaz de comprenderlas y recibir sus mensajes puede ayudarte en tu proceso de evolución, aprendizaje y descubrimiento de ti mismo.

Ser una persona que ayuda al prójimo es gratificante, pero la preparación y los límites también deberían aplicarse a esta situación. Nuevamente hablamos de equilibrio.
Durante muchos años pensé que estaba en el camino correcto ayudando al prójimo como venía haciendo, ya que estaba cumpliendo mi misión en la vida.

No tomé recaudos para protegerme mientras que permitía ciertas situaciones generadoras de un dolor desmedido.

Estas situaciones se podían haber prevenido, si hubiera tenido la formación, información y comprensión adecuadas. Debería haber abordado dichas situaciones mientras me protegía energética y emocionalmente, sintiéndome bien, con placer, felicidad y amor.

Aunque mis intenciones estaban en la posición correcta, mi conocimiento y mi autocuidado aún no lo estaban. No pude protegerme porque ignoraba muchas cosas que debería haber estado haciendo.

En cierto modo, yo era quien hubiese dicho como la letra de la canción "Demasiado Amor Puede Matarte". Demasiado servicio sin límites no era bueno para mí.

De alguna manera, estaba dejando que mi obsesión, mis miedos y mi ego controlaran mis emociones, mientras me llevaban a situaciones en las que sentía que no estaba dando lo suficiente y ese sentimiento me estaba creando un gran peso.

—

Fue en ese momento cuando empecé a cuestionarme si tenía suficiente de otras cosas, como ser dinero, éxito, felicidad, relaciones, etc.

Aunque otras personas me veían como un emprendedor perfecto, bien organizado y exitoso, la realidad era que yo sentía lo contrario.

Que todo lo que estaba logrando y había logrado no me estaba dando lo que buscaba.

Mucha gente no me entendió y se preguntó cómo yo no podría ser feliz, cómo podría estar deprimido o cuestionarme si estaba en el camino correcto en la vida.

La sensación no fue agradable. La idea de haber vivido y logrado tantas cosas no me estaba dando la felicidad que esperaba. El hecho de tener tantas posibilidades para hacer cosas profesionales, no era una ventaja en mis pensamientos y finalmente se convirtió en un sentimiento negativo.

Por supuesto, todos tenemos nuestros altibajos. A veces, en nuestras bajas es cuando nos llega una revelación y nos lleva a ahondar en nuestras almas o ponernos en contacto con nuestro ser interior. ¡Y ahí es donde empezó todo!

Comienza siendo sincero contigo mismo sobre lo que quieres. Ser sincero sobre lo que sientes, lo que quieres hacer y cómo quieres vivir tu vida en tu viaje actual. El compromiso es importante para lograr la felicidad y el placer que desees.

Siendo un hombre de mediana edad, pensé que tenía todo bajo control en mi vida y luego me di cuenta que me faltaba la verdadera felicidad: el equilibrio y la paz.

Me pregunté por qué y cómo me sucedía esto.

Los resultados de mi búsqueda interior se basaron en los límites, el amor y la comprensión de que todo comienza desde adentro. Todo fue realizado sobre Humberto y su deseo. El deseo claro y específico.

Este proceso no trataba de olvidar el pasado y empezar de nuevo.

La idea era respetar y valorar lo logrado y contribuir a la evolución de aquellas áreas donde no tenía un equilibrio y ni un estado de ánimo pacífico.
Es muy personal y tienes que ser totalmente honesto contigo mismo.

Mis miedos, ego y obsesiones estaban ahí para desafiarme todo el tiempo.
Una vez que uno puede identificar esos pensamientos que lo llevan por el camino equivocado, puede volverse más consciente de lo que desea modificar en su viaje actual.
Creo que siempre quise evolucionar, aprender e investigar cómo mejorar las cosas en situaciones comerciales. Entonces, busqué todos los recursos disponibles para mí.

Tener una mente clínica y haber estado en el área de la salud durante mucho tiempo, donde tuve que desafiarme a mí mismo y permitir que mis sentimientos internos, intuición y percepción tomaran un papel importante, ahora tenía que aprender cómo aplicar eso a mi vida personal en áreas que estaba reteniendo o manteniendo   ocultas.
Tuve que respetarme a mí mismo y encontrar una manera natural para lograr ese estado de paz y equilibrio que buscaba.

—

El proceso fue muy interesante y revelador.
Me tomó un tiempo ponerme en contacto con mi niño interior. Cómo veía la vida hasta ese momento y cómo la veía a partir de entonces.

El resultado fue muy sorprendente.

Mientras estaba en un estado de búsqueda interior, me di cuenta de que cuando era niño podía comprender e interpretar situaciones de una manera más holística y natural.

Esa comprensión me llevó a mantener todo adentro y tuve que esperar el momento adecuado para poder expresar mis ideas y pensamientos debido a mis miedos.

Miedo a no ser comprendido, a no poder comprender plenamente lo que realmente estaba sintiendo y viviendo.

Sabía que no estaba "loco" y siendo la persona analítica que soy, sabía que tenía que entender, estudiar y emergerme en este tema para poder entender completamente lo que sentía.

Obviamente he cargado con estos sentimientos desde entonces.

Como adulto, me he vuelto más verbal y más conciente de que mis ideas, sentimientos y mensajes que había estado recibiendo, debían tomarse en serio.

 Todo se volvió más claro mientras buscaba respuestas y me ponía en contacto con mi ser interior.

Fue entonces cuando descubrí el equilibrio y la paz necesarios para mi viaje o camino en este plano.

Hoy me doy cuenta de que todo es parte de un plan divino y que tiene que ocurrir en un determinado momento. Ahora entiendo por qué siempre sentí la necesidad de tomarme el tiempo para estudiar y dedicarme a esos mensajes, sentimientos e ideas que tenía de niño.

Y así comencé mi viaje...

NOTA...

De alguna manera, en este momento, mis guías y ángeles me susurran al oído y me dicen que utilice mis conocimientos y experiencia en técnicas de enseñanza para comunicar algunos mensajes.

Algunos capítulos de este libro tienen secciones con información académica con el propósito de generar una base para que todos lo comprendan.

Es importante saber que no podemos estar 100% conectados a la Fuente Divina o a un Ser Supremo durante nuestro viaje, o vibrar a una alta frecuencia constante sin por momentos conectarnos a tierra.
Ser capaz de mantener el equilibrio y la paz todo el tiempo es el evento más difícil de nuestro viaje.

Piense en lo importante que es estar conectado a tierra. Es la base de estar aquí. Es como un árbol que está conectado a la tierra por medio de sus raíces, y que continúa creciendo conectándose al Universo al mismo tiempo.

Me gustaría aclarar algunas cosas sobre este libro. Este libro no tiene un fin religioso, pero está basado en el amor, la sanación energética o con energías, y metodologías alternativas sobre cómo abordar problemas y conflictos.

Usaré la terminología Fuente o FUENTE DIVINA a lo largo del libro como representación del Universo, Dios, poderes superiores o quien sea en quien creas.

Aunque a mi maestra/iniciadora en el mundo de la sanación energética no le gusta que la llamen chamán, en el transcurso del libro me voy a referir a ella, en algunos casos como chamán, sanadora, coordinadora de ceremonias o facilitadora.

Dado que son diferentes entre sí, tenga en cuenta que éstos están haciendo y brindando Ceremonias de Ayahuasca y San Pedro en todo el mundo.

CAPITULO 1
El VIAJE

"Es posible que uno se sienta no reconocido, apreciado e incomprendido. Esto se debe simplemente a que estás ascendiendo y tu vibración ya no coincide con la frecuencia de aquellos que han elegido no cambiar en este momento ". (Anónimo)

INTENCIÓN

No es la intención de este libro adoctrinar o impulsar una idea o religión específica de ningún tipo. Es de libre albedrío y se creó con la intención de entregar mensajes y conocimientos por medio de un servidor, una persona que ayuda al prójimo.

En este libro, apreciaré y honraré mi pasado, mis vidas pasadas, mis ancestros y a mis guías.

A medida que lo escribo continúo evolucionando en mi vida.

Después de asistir a una ceremonia de San Pedro, comencé a recibir mensajes de mis ángeles y guías, diciéndome que compartiera los mensajes que recibo cotidianamente.

Simplemente estoy compartiendo mis experiencias como alguien que se está curando y evolucionando en un mundo energético y espiritual.

Un viaje a la Medicina de Plantas Espirituales o Sagradas, San Pedro y Ayahuasca, es una combinación de un hombre que evoluciona en un mundo espiritual junto con la medicina clínica, occidental y plantas sagradas o medicinas alternativas.

Creo que deberíamos considerar las medicinas complementarias y alternativas de manera natural e integral como parte de nuestro estilo de vida en estos tiempos.

Quiero compartir con mis lectores también la importancia de entender la felicidad en el entorno laboral como parte de su propia felicidad personal.

Espero guiar o iluminar la vida de alguien a través de mis experiencias con mis viajes a San Pedro y las Ceremonias de Ayahuascas como Planta Espiritual Medicinal o Sagrada para algunas culturas.

Lejos de ser un Chamán, Curandero o cualquier otro título que pudiera recibir, quiero que me consideren un Mensajero o un Educador, "una persona que ayuda al prójimo" como me dijeron mis guías en una ceremonia de San Pedro.

San Pedro, también conocido como Abuelo Tabaco, me mostró que con autoaceptación, clara intención y ganas, todo es posible y fácil de lograr de manera orgánica y natural.

Como profesional de la salud desde hace más de 25 años, especializado en el campo de la salud en geriatría, debo confesar que este viaje fue una autotransformación total tanto intelectual, académica como espiritual, por decir lo menos. La comparo con un renacimiento.

A lo largo del libro, podrán encontrar información histórica y clínica, así como información sobre curaciones y metodologías energéticas y espirituales.

Hablaré sobre los beneficios de la Medicina de Plantas Espirituales o Sagradas y sus propiedades curativas, efectos, legalidad y todos los detalles relacionados con la ceremonia de la planta. Podrá conocer la importancia de prepararse antes de asistir a una Ceremonia de Medicina de Plantas Espirituales o Sagradas.

Comprenderán cómo se puede aplicar esta preparación en muchas otras prácticas como un tratamiento convencional, donde podrán ver sus beneficios también.

Podrán comprender cómo mis conocimientos clínicos, tradicionales y académicos coinciden e interactúan con el beneficio de la medicina de San Pedro así como en la Ayahuasca. Realmente creo que existe un puente entre la medicina tradicional y la alternativa.

Mi intención es poder darles nuevas ideas sobre cómo incorporar nuevos comportamientos y nuevas formas de pensar.

Mi deseo es que estos nuevos enfoques, miradas, los beneficien a lo largo de su viaje si deciden implementarlos.

Este libro está dedicado a todas aquellas personas que están receptivas a hacer cambios holisticos en sus vidas mientras curan problemas y traumas del pasado y recientes.

Con suerte, este libro les brindará la información que han estado buscando y el coraje para enfrentar sus miedos, problemas, obsesiones, dramas y todas esas cosas que nos frenan o desvían de nuestro camino de la felicidad.

¿SENTIRSE NO COMPRENDIDO?

Muchas veces en mi carrera profesional me he sentido incomprendido. Todos los soñadores, innovadores y triunfadores se están riendo ahora, ya que pueden identificarse completamente con este comentario.

Es posible que también haya escuchado: "Todavía no estás listo", "No puedes hacer esto" o "Deberías rendirte porque estás loco".

Bueno, puede que estemos locos, ¡pero quizás no!

Tal vez no sentimos de esta manera porque creemos en nosotros mismos y confiamos en nuestros instintos sin preocuparnos del que dirán.

Es cierto que aveces nos volvemos un poco locos u obsesivos por una idea o pensamientos mientras buscamos soluciones o satisfacemos una necesidad o un vacío.

Después de cumplir 50 años, comencé a tomarme el tiempo para pensar seriamente en qué hacer con mi carrera professional, qué dirección quería tomar personalmente ¡Muchos llamarían a esto "Crisis de los

---

50!", pero yo sabía dentro mío que era mucho más que eso.

Sabía que podía hacer cualquier cosa que me propusiera con una intención clara, trabajando duro y con muchas ganas.

Que todo y cualquier cosa era posible porque lo había probado una y otra vez en el transcurso de mi vida.

Supe manifestar deseos y lograr metas y ser feliz mientras lo hacía de alguna manera.

Sabía que tenía que ir más allá que un plan típico de negocios, en este caso y un transitar por un camino tradicional.

Siempre estuve enfocado en objetivos tangibles y profesionales. Pero había algo que me debía a mí mismo durante mucho, mucho tiempo. Esa parte que faltaba estaba más allá de lo que pude lograr en un mundo profesional.

Comencé un viaje más espiritual mientras buscaba ese eslabón perdido. Había experimentado la "Ley De La Atracción" durante muchos años, lo que salvó mi cordura, mi vida y mi carrera, de alguna manera, pero sabía que había mucho más por descubrir.

En mi vida, he experimentado lo que es estar en la oscuridad y en el "fondo del fondo" de la depresión. Mi amiga, Cindy, con quien escribí el libro, "Todo lo que Usted Necesita Preguntar Sobre Casas Asistidas" (disponible en Español en Amazon), lo llamó "estar al borde del límite". Luego esa frase se convirtió en nuestra broma interna entre amigos cuando nos encontrábamos en situaciones límites.

Experimenté personalmente lo que es estar en un estado emocional en el que nada importa más que tu felicidad;

el dinero, las adquisiciones, la carrera professional dejan de ser importantes si no estás feliz y emocionalmente estable.

Recrearme y reconstruirme emocionalemente después de estar tan deprimido, se estaba volviendo cada vez más difícil además de ser muy doloroso y de requerir una enorme cantidad de energía de mi parte.

Empecé a cuestionarme a mí mismo; ¿Realmente, sé de qué se trata la felicidad?

Mientras buscaba, me preguntaba cómo me veían las personas y si alguna de esas opiniones, me impactaban personalmente. Comencé a ser más honesto conmigo mismo y con mis sentimientos mientras me responsabilizaba al mismo tiempo de por qué me sentía de esa manera o de otra.

Necesitaba profundizar más allá de prestarle atencion a como me hacían sentir las opiniones de la gente sobre mí.

Había estado haciendo eso durante 50 años y estaba buscando cambiar y evolucionar de lo que había hecho en el pasado.

Una vez que me volví honesto y responsable con mis sentimientos, comencé a profundizar más y más, hasta que me di cuenta de que necesitaba estar en contacto con mi niño interior , volver a esos momentos del pasado, recordar desde la concepción de mi ser, si fuese posible.

El proceso fue un total desafío. Necesitaba aceptar lo que pasaba por mi mente y asumir la responsabilidad de mis sentimientos.

Encontré momentos en los que me di cuenta de que necesitaba resolverlos y superarlos.

Vi que muchas cosas que sentía de niño eran similares a lo que sentía de adulto. Esos momentos fueron ignorados en el transcurso de mi vida y no se les dio el cuidado y el tiempo necesarios en su momento.

Empecé a comprender como logré el éxito; cómo sucedió todo y cómo lo hice. Comencé a honrar mi dedicación y visión clara, qué me llevó a hacer cosas en las que creía y deseaba.

Estaba comenzando a aceptarme y honrarme como un ser humano en evolución en este cuerpo físico.

Me di cuenta de que todo evolucionó hacia la manifestación, materialización, sin saber conscientemente los pasos para llegar allí. Lo hice de una manera muy orgánica, sin darme cuenta de que posiblemente estaba recordando cómo hacerlo de vidas pasadas y con la ayuda de mis ancestros.

Cada vez que comenzaba un nuevo negocio o proyecto, siempre me concentraba en el objetivo final y creía en ese objetivo con pasión y concentración.
Siempre hice proyectos en los que creía con una causa social o productiva para la sociedad.

Muchos de mis negocios se volvieron rentables y otros no. Todos tuvieron algo en común, nunca hice del dinero el objetivo final en ninguno de ellos. Siempre comencé un negocio con pasión y con la misión de hacer el mejor trabajo posible.

Posteriormente me di cuenta de que el dinero atraía el negocio por su trabajo y desarrollo orgánico con una clara voluntad e intención como bien lo dice La Ley de La Atracción.

Cabe aclarar para aquel lector que la desconoce, la Ley de la Atracción es la creencia pseudocientífica de que los pensamientos (conscientes e inconscientes) influyen sobre las vidas de las personas, argumentando que son unidades energéticas que devolverán a la persona una onda energética similar a la emitida.

Esta ley tiene varios pasos que una persona tiene que realizar para poder materializar o manifestar un deseo. De una manera simplificada la teoría comprende lo siguiente: que una persona defina y se enfoque en lo que «sí quiere» y no en lo que «no quiere».

Es concentrarme en lo que quiero y no en lo que no tengo y quiero, lo que es importante, ya que muchas veces pensamos en lo que no tenenos primero.

El poder pensar y concentrarnos en lo que queremos sin poner un pensamiento negativo de lo que no tenemos es fundamental.

La persona tiene que desear y pedirlo conscientemente a la Fuente divina, el Universo, y entender el poder que tienen los pensamientos y sentimientos mientras pedimos o pensamos algo.

Luego hay que sentirlo, visualizalo y actuarlo como si aquello que deseas ya forma parte de tu realidad. Cuando esto se hace de una manera consciente y alineándose con el deseo, el proceso toma acción y comenzamos a atraer esas cosas que deseamos ya sea amor, dinero o un evento por ejemplo.

Nunca compartí estas experiencias personales, cómo yo me sentía a lo largo de mi vida con mis padres, hasta hace poco durante mi viaje de descubrimiento personal.

Sabía que era diferente y mis sentimientos fueron mal entendidos muchas veces.

Cuando expresé mis opiniones fui criticado en varias oportunidades sin tomarme en serio. En muchas ocasiones me llamaron o me llaman "EL LOCO".

Comencé mi viaje de no sentirme comprendido cuando era niño y esto continuó durante toda mi vida adulta solo porque vi las cosas a través de una lente diferente. Afortunadamente estas situaciones nunca me impidieron cumplir mis sueños y deseos.

Después de descubrir por qué tenía éxito o las causas de mi éxito personal, comencé a preguntarme: ¿Por qué aun sentía ese vacío, que algo faltaba? Sentía una verdadera necesidad de sentirme feliz. Comencé a preguntarme por qué no me sentía feliz plenamente.

Me di cuenta a través de mi descubrimiento personal que había muchas cosas que eran muy importantes para mí, como el honor, el respeto, la lealtad, el equilibrio y la paz.
Estos fueron claves en mi vida, así como la creatividad, la fe, el agradecimiento, la humildad y una visión clara. Debo admitir que no comencé a practicar el agradecimiento y la humildad hasta que comprendí su poder y su capacidad para generar una verdadera sanación, hasta más tarde en mi vida.

Conocerse a uno mismo, creer, confiar en tí mismo y en tu intuición es el verdadero secreto. Desde mi infancia supe que lo necesitaba.

Sabía que de niño era diferente porque tenía una mente muy rápida y multitástica.

Tenía ideas y sentimientos bien definidos desde mis 6 ó 7 años. Sabía que las cosas tenían tanto un lado lógico como un lado creativo y, teniendo una mente analítica, podía pensar las cosas dentro de mis capacidades, cuidadosa y metódicamente.

Pensé siempre las cosas a gran escala y luego pude soñarlas y visualizarlas mientras me proyectaba en esos sueños. A veces podía soñar despierto como si literalmente estuvieran sucediendo físicamente.
Ahora, con mis conocimientos y experiencias, me doy cuenta de que cuando era niño era un "viajero astronómico".Para mí fue natural y estaba bien hacerlo. Sabía que mis padres no entenderían completamente mi manera de pensar o sentir. De alguna manera, captaron parte de mí con la información limitada que les iba proporcionando. Sin entenderlo completamente, nos apoyaron mucho a mí y a mi hermana en nuestros deseos. Les debo mucho a ellos por su amor y apoyo.

De pequeño parte de mi vida no siempre fue fácil. Estar en un país muy limitado y reprimido, bajo una dictadura, fue difícil. La sociedad argentina tenía muy poca exposición al mundo exterior.
Desde que nací en 1968 hasta que se logró la democracia en 1983, vivir en Argentina eran momentos difíciles de afrontar.
Argentina atravesó la "Guerra Sucia" de 1976 a 1983. Miles de personas desaparecieron y murieron, tanto opositores al gobierno como víctimas inocentes. Imagínense lo difícil que era expresarse libremente durante ese tiempo.

Para las clases medias y bajas esos tiempos fueron difíciles. Viajar o comprar un auto nuevo estaba fuera de lo normal.

Recuerdo que los domingos almorzaba fideos al estilo italiano con mi familia y soñaba con volar a China o Disneyland. Todos decíamos -"Un día iremos"-, aunque sentíamos que ese día nunca llegaría. Fueron momentos muy oscuros en mi vida.

Además de lo que vivía en esos momentos, agreguemos una madre que decía -"Esas cosas no son para nosotros de todos modos.

Eso es para las personas que tienen dinero"-. En lugar de darnos esperanzas y sueños, su opinión reforzaba que estas cosas no eran posibles para nosotros.

Mi padre tuvo dos trabajos toda su vida y mi madre trabajó como enfermera y fue una gran administradora de nuestra casa y el sueldo de mi padre.

Lo loco de mi familia fue que, aunque nos dijeron que había cosas que no podíamos pagar o que no teníamos, aprendí lo importante que era el trabajo duro y la educación. Tal vez tenían una visión limitada y no tenían una mente soñadora, pero tenían objetivos claros sobre la ética y las metas laborales. Pudieron lograr muchas cosas en un país siempre cambiante e inestable. Pudieron comprar cosas a crédito y pagarlas en su totalidad.
Después de ahorrar durante todo un año, podíamos irnos de vacaciones durante un mes completo a una casa en la playa que alquilaban.
En algunos años esas casas de playa eran realmente bonitas y otros no. Pero mis padres pudieron lograr sus metas y sus deseos familiares.
Me demostraron que tenían una intención clara y eran capaces de planificar y alcanzar sus metas cuando se lo proponían. Esta fue una lección importante para mí.

En mis años de preadolescencia, me di cuenta de que estaba cada vez más decidido a lograr cosas y creer en mí mismo con dedicación y trabajo duro.

Creer en mí fue lo único que tuve durante esos días en Buenos Aires. El país pasó de una dictadura a la democracia y las cosas cambiaban todo el tiempo. Y yo también. Sabía que era diferente sexualmente desde que tenía alrededor de 5 ó 6 años.

No tenía el apoyo ni la fuerza interior para enfrentarme a la sociedad.

Argentina era una sociedad "machista" donde incluso mi gusto por tocar música clásica era una forma de vincularme con una comunidad gay o LGBTQ. No luché contra la situacion pero tampoco la abracé. Los que lo hicieron fueron secuestrados o enviados a prisión en muchos casos.

Cuando te ves a tí mismo en un país, sociedad o familia que estaban limitados debido al estado financiero o al entorno general, es difícil sobrevivir y ser positivo, y mucho menos soñar. Pero lo hice de todos modos.

Cada vez que mi madre decía -"Esto no es para nosotros, es sólo para los ricos"-, yo solía decir - "¿Por qué no? Lo será para mí algún día "-.Recuerdo conseguir el periódico y buscar propiedades en venta.

Siempre quise estar solo y ser independiente. También recuerdo tener una calculadora y analizar los números para ver cuánto tenía que ahorrar y por cuánto tiempo.

Ya estaba visualizando y estableciendo una intención, Mi intencion con un deseo claro y definido. Pude lograrlo muchos años después y muchas veces.

Estaba visualizando y estableciendo una intención tan fuerte que pude concentrarme en mi verdadero deseo. A través de los años, con educación y trabajando en mi deseos, pude lograrlo a través de la manifestación o materialización de mis deseos de muchas maneras.

 Pude comprar mis propias casas, ayudar a mi hermana a comprar su primera y segunda casa, darle a mi familia unas vacaciones agradables en los parques de Disney y llevar a mis padres a China durante 3 semanas para sus 50 aniversario de casados.
Los vi disfrutar de mi propia materialización de mis deseos.

Con el tiempo, mi manifestación benefició a las personas que amaba y me rodeaban, no solo a mí.
Después de años de buscar clínica y espiritualmente por qué la gente no me entendía, me di cuenta de que la persona más importante en mi vida que necesitaba comprenderme, ¡ERA YO MISMO!

Una vez que me entendí, me acepté y me protegí con amor, todo comenzó a tener sentido de una manera más orgánica y holística y pude comenzar una nueva vida más sana y pacífica.

Comencé a comprender que YO SOY AMOR.

Todo empezó cuando empecé a amarme a mí mismo con todos mis dones y defectos. Reconocerme con mis talentos fue un momento de renacer. Con educación y propósito, pude alinearme mental, espiritual y emocionalmente.
Mientras estaba en este proceso, el viaje de aprendizaje me permitió comenzar a enfrentar mis miedos, criticas y desilusiones.

Lo importante de todo esto y lo que busco transmitir es que debes tener un deseo, una intención clara, y coherencia para asumir la responsabilidad de tus acciones y poder afrontar tus miedos.

Tienes que ser fiel a tí mismo, crear tu propia sociedad dentro de la sociedad que te gobierna. Debes tener una comprensión clara de que vienes a este cuerpo físico, no para sufrir o permanecer en el dolor, sino para evolucionar, disfrutar de la vida y ser feliz.

Entonces, mientras estaba molesto en el pasado porque nadie me entendía, ahora me doy cuenta de que todo tenía que comenzar dentro de mí y yo era la primera persona que tenía que entenderme.

Tuve que aceptarme y abrazarme a mí mismo para poder seguir adelante y aceptar todas las cosas maravillosas que la vida tenía reservadas para mí.

ABRIENDO TU BOCA

Aprender "cuándo abrir la boca y dar una opinión" es un proceso que todos debemos aprender en algún momento.

Son muchas las ocasiones en las que debemos evitar expresar nuestras opiniones para protegernos y no desperdiciar nuestra energía sin motivo.

En cierto modo, es cómo no permitir que nuestro ego se involucre en situaciones sólo para hacernos sentir que debemos decir algo y participar en una conversación.

Algunas personas sienten que tienen que expresar su opinión todo el tiempo o necesitan ser el centro de una conversación o evento. He aprendido a elegir cuando doy mi opinión y cuando no. Si mi intuición me dice - "No lo hagas!" he aprendido a escucharla.

Me he dado cuenta que practicar esta forma de comunicación me ayuda a concentrarme en mis objetivos y mantener el equilibrio y el enfoque. También me ayuda a respetarme a mí mismo, mi energía y mis dones al mismo tiempo.
Cuando practico este nuevo comportamiento, me doy cuenta que estoy honrando mis sentimientos y me valoro y aprecio a mí mismo.
Utilizo esta técnica para recordarme quién soy y dónde estoy y cómo llegué adonde estoy hoy. Pero soy lo que soy, y necesito respetarlo, abrazarlo y estar agradecido al mismo tiempo.
He comenzado a concentrarme y valorar el amor que tengo en mí y cuánto me preocupo por los demás. Tenemos mucho que dar, mucho que aprender y mucho que ofrecer.

Como persona espiritual y trabajador para el prójimo, siempre estoy aprendiendo, comunicándome y sanándome a mí mismo y a los demás. Este tipo de comunicación es muy importante, ya que somos un espejo el uno del otro.
No podemos permitir que los miedos e inseguridades de los demás se reflejen en nosotros y tomarlas como propias.

Otro aspecto que he aprendido a manejar es la necesidad de controlar las distracciones. Las distracciones generan un derroche de energía y sentimientos que no contribuyen a nuestra felicidad.

Pueden generar y crear dudas y engañarnos para hacer cosas que no estábamos planeando hacer.

La distracción puede desalinearnos y necesitaremos reorientarnos conscientemente para reenfocarnos y realinearnos con el proyecto en el que estamos.

Podemos decir que las distracciones no contribuyen ni a la paz ni al equilibrio en tu vida, ni contribuirán al conocimiento, ya que no estabas esperando conscientemente a ser distraído.
Tal vez es mejor encontrar el equilibrio entre la solidaridad y la individualidad, ya que son totalmente diferentes entre sí.

Podemos ser muy solidarios con el prójimo, pero también debemos recordarnos que como seres individuales y únicos tenenos necesidades y que debemos cuidarnos a nosotros mismos también.
Necesitamos entender que somos suficientes como somos y dejar de poner la mirada hacia afuera continuamente y ver que tenemos suficiente, mientras tabajamos en nuestro ser, energía y espíritu.

Nuestro objetivo en este viaje de vida es seguir aprendiendo y evolucionando a nuestro propio ritmo. Todos evolucionamos a nuestro propio tiempo.

Cada persona tiene diferentes metas y objetivos que alcanzar. A medida que evolucionamos en nuestro viaje, comenzamos a darnos cuenta de lo que es realmente importante para cada uno de nosotros.

Es por eso que creo que la medicina de San Pedro me ayudó a encontrar un sentido superior de mí mismo, mientras me conectaba con el Universo.

Como cantante profesional, alguien me preguntó en una cena "si quería ser un cantante famoso". Mi respuesta fue: "Solo quiero ser feliz, estar en paz y balanceado". Lo que fue una sorpresa para lo que esperaba escuchar. Mi pensamiento era "¿qué es la fama sin felicidad, paz y equilibrio?".

He tenido muchos momentos agradables siendo el centro de atención como artista y he escuchado el sonido de aplausos desde presentaciones en teatros en Buenos Aires, Argentina, hasta hermosos teatros en Florida.

No supe disfrutarlo al máximo realmente y sentir esa buena sensación de ser apreciado por el hecho de que no estaba equilibrado y en paz en esos momentos. Continué mi respuesta a su pregunta mencionando "lo agradecido que estaba por lo que pude lograr".

Mientras estoy escribiendo este libro, recibo mensajes que fluyen continuamente por todo mi ser.
Es el deseo de estar conectado lo que continúa esa comunicación con mis guías y ángeles.

Sólo puedo decir que esto es una confirmación para mí, la comunicación con mis guías y Angeles, y mi propósito de escribir este libro como un simple mensajero y un ser que disfruta ayudar al prójimo.

Es un sentimiento que no puedo dejar de mencionar lo cuánto que respeto el poder vivirlo. De hecho, esta situacion y sentimiento, me lleva de regreso a mi primera ceremonia de San Pedro en la que participé.

En esa Ceremonia es donde sentí que tenía que estar al servicio de los demás y no de mí mismo.

A pesar de que no era mi posición de hacerlo, el chamán, que estaba coordinando y liderando la ceremonia se dio cuenta, y me dijo que trabajara en mí mismo.

Recuerdo que pude recibir mensajes para esas personas que eran parte del grupo y lo que estaba haciendo yo era "mantener el espacio, apoyarlos o energéticamente sostenerlos para que ellos pudieran continuar su tratamiento o lo que estaban experimentando"."Mantener el espacio" significa estar con alguien sin juzgar.

Es como donar tu energía, oídos y corazón sin retener nada. Se trata de practicar la empatía y la compasión. Significa también dejar de lado tus sentimientos y necesidades y permitir que alguien 'simplemente sea'.

En esta primera ceremonia, me di cuenta de que era un buen sentimiento estar al servicio de los demás, pero después de la ceremonia cuando estaba procesando por qué estaba comportándome de esa manera, sabía que yo no era la persona que debería estar 'Manteniendo espacio' para los demás en ese momento.

El aprendizaje fue más allá de eso. En realidad mi aprendizaje en ese momento era algo más fácil que estar a disposición para el prójimo, sino era ver y valorizar mi humildad y mi gratitud al prestar mi energía, cuerpo y espíritu para los demás.

Pero también, verme como un medio, un Puente de energía o mantener espacio para los demás siempre.

He aprendido en ese momento lo importante que era mi rol en ese viaje con un cuerpo físico, como también lo importante de estar protegido a través de mis aprendizajes académicos y experiencias.

Debido a que estaba bajo el efecto de la medicina de San Pedro en un momento, vi que me estaba concentrando y observando los comportamientos y reacciones de otras personas a la medicina.
Me estaba concentrando en el dolor por el que estaban pasando. El chamán se me acercó y me preguntó cómo estaba. Cuando le conté lo que estaba experimentando, me dijo: "No te concentres en el dolor ..."

En ese momento, me di cuenta de que tenía que cambiar mis pensamientos y dejar a un lado mi ego mientras permitía que el proceso siguiera su curso.

La lección para mí fue que necesitaba concentrarme en la solución y en lo que fuera que me diera paz, equilibrio y felicidad, incluso si el evento era terrible y doloroso.

Mientras escribo esta sección, siento que éste es el momento de escucharme a mí mismo y seguir aprendiendo y modificando mis comportamientos y patrones que he estado llevando desde quién sabe cuántos años o incluso siglos y tomarme el tiempo para aceptar, aprender, permitir e interpretar los mensajes y asimilar nuevos cambios en mi pensamiento, vida y rutina ¡Y eso es mucho!
Es importante priorizar y concentrarte en tu intención y deseo, mientras deja a un lado tu ego.
El ego no siempre es malo. Realmente puedo entender la importancia de tener el control concientemente, estar aquí, en el ahora y recordarme a mí mismo que las personas deben dar el primer paso para curarse a sí mismas.

En otras palabras, el proceso de curación no tiene un momento específico para comenzar ni un momento específico para terminar.

Creo que estamos en un proceso de curación constante como parte de nuestra evolución.
Nosotros, como entidad individual, necesitamos y deseamos esa curación. Necesitamos estar preparados para asumir la responsabilidad y poner la energía en nuestro proceso de curación para que podamos empezar a buscar posibles soluciones que nos lleven a los tratamientos correctos.

Una vez más, me gustaría abordar la importancia de no sólo vernos a nosotros mismos desde el punto de vista espiritual, sino también desde el punto de vista clínico.

Obviamente, la combinación de tratamientos tradicionales, orgánicos y naturales es mi misión en este viaje de vida.

Este libro es una prueba honesta de que la agrupación de estos tratamientos ha tenido un tremendo cambio, impacto y beneficio en mi vida.

Si estás leyendo este libro en este momento, es porque se suponía que yo debía escribirlo para que lo leyeras.
Es mi humilde y honesto deseo llegar a esas personas vibratorias que resuenan con mi vibración.

Parte de lo que aprendí de la experiencia de las Plantas Sagradas o Plantas Espirituales Medicinales es que las personas necesitan pedir ayuda.

Los curanderos no pueden hacerlo por ellos.
Las personas necesitan recorrer su propio camino y pedir ayuda cuando estén o se sientan listas.

Tienen que asumir la responsabilidad de sus necesidades y asistencia que necesitan. Deben pasar por el proceso de curación a su propio tiempo.

—

Es importante para mí mencionar que cada uno de nosotros tenemos el don de curarnos a nosotros mismos, y a los demás. Necesitamos prepararnos para descubrir nuestros dones, talentos.   En muchas ocasiones se trata de recordar vidas pasadas así como de buscar información para prepararnos y protegernos sobre lo que estamos experimentando.

Las ceremonias de San Pedro y Ayahuasca me demostraron que todos podemos hacer estas cosas y mucho más. Creo en tí y en tu capacidad para hacerlo. Todo lo que estoy escribiendo proviene de mensajes que recibí durante mi última ceremonia a San Pedro.

 Después de participar en las ceremonias, continúo procesando y recibiendo mensajes que mi mente comprende lentamente de manera consciente. Normalmente paso el día siguiente de la ceremonias solo y en silencio.

Todo lo demás perturba mis pensamientos y quiero dejar que los mensajes lleguen y aprender a interpretarlos conscientemente.

Es importante que tu consciente y tu subconsciente se reúnan durante y después de la ceremonia.

Trato de no esforzarme para tratar de entender inmediatamente el significado de los mensajes, sino de permitirme fluir con ellos mientras los recibo, para poder aprender y compartir con mis lectores. Esto es parte de mi intención y mi misión.

CAPITULO 2
ESCUCHA A TU ALMA Y MANTÉNGASE EN SU VERDAD

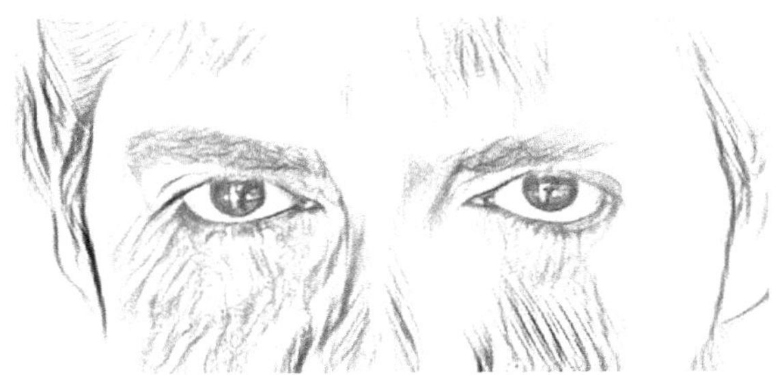

"Puedes sentirte como si estuvieras en un campo de batalla, pero este conflicto interno llegará a su fin tan pronto como dejes de defenderte. No estás aquí para demostrar tu valía a los demás. En cambio, acéptate a tí mismo. Debes saber que tus ángeles están de tu lado y que el universo te agradece por ser el alma auténtica, amable y amorosa que eres ".
Alyonna Angelica

FELICIDAD Y CONTROL

Algunas personas piensan que la felicidad se basa en circunstancias y situaciones. La mayoría piensa que serían felices si sólo tuvieran más dinero, o encontraran la pareja perfecta, si tuvieran mejor salud o si pudieran alcanzar esta o aquella meta.

Muchos creen que la felicidad está ligada a un evento o situación específica.

En mi opinión, la felicidad no está basada en una situación concreta sino en cómo se aborda esa situación.

Un evento puede brindar placer durante un determinado período de tiempo.

La mayoría de los eventos que experimentamos no están controlados, pues no tenemos control de cuánto tiempo podemos mantener ese buen sentimiento que estamos experimentando, ya que estamos proyectando nuestros deseos en algo o alguien que no es nosotros mismos.
Nosotros Podemos controlar y manejar la manera de reaccionar, responder o la actitud a tomar ante cualquier situación. ¡Piénsalo!

Si mostramos nuestro deseo al Universo, a Dios o a un poder superior, podremos alcanzar la felicidad.
Cuando ponemos nuestra confianza en un poder superior, el Universo nos ayudará a lograr nuestros deseos.
Una vez que ponemos nuestra confianza en nuestros deseos y creencias, alcanzaremos nuestros deseos de forma orgánica. No hay otra forma de lograr la manifestación. Aquí es cuando la intención clara se alinea con el deseo y el poder de la fe.

Si ponemos nuestra confianza en otras personas para hacernos felices, nos decepcionaremos cuando esto no ocurra.
Una vez que nos alineemos con el Universo o una Fuente Divina en la que creamos, no habrá un evento que destruya o perturbe nuestra felicidad . Cuando estás alineado y centrado con tus deseos conscientemente, alcanzarás tu verdadero deseo.

Por ejemplo, si ponemos nuestra felicidad en función del dinero que vamos a ganar o en una relación específica que estamos esperando, estamos poniendo nuestros esfuerzos en algo que no podemos controlar.

Estas cosas pueden cambiar de un día a otro y de una hora a otra, de un momento a otro en defintiva. Esto se debe a que tanto las personas como las situaciones, entre otros, cambian porque son variables.

Para poder alcanzar un nivel de felicidad, debemos confiar en nosotros mismos y en nuestros deseos.

Sin confianza en uno mismo y una intención clara, será muy desafiante y casi imposible lograr tus objetivos. No estoy diciendo que los eventos inesperados no afectarán nuestra vida diaria o nuestra felicidad. Estoy seguro de que lo harán.
Los eventos vendrán a nosotros, surgirán en nuestras rutinas pero no nos afectarán personalmente hasta el punto de interferir con nuestros deseos y nuestra relación con la Fuente Divina. Estos sucesos alternativos o inesperados, como yo los llamo, no te sacarán del control de tu felicidad.

Debemos tener un deseo claro y verdadero en nuestro plan. Si hacemos esto, no nos decepcionaremos, ni detendremos nuestro viaje de la vida para lograr nuestro objetivo de felicidad, ya que estamos poniendo nuestra felicidad bajo nuestro control y no dejándola en manos de otros. Si creemos y confiamos en nosotros mismos y en nuestros verdaderos deseos, seremos capaces de superar cualquier obstáculo que la vida nos depare.

Necesitamos confiar en que las cosas sucederán en el tiempo divino, cuando las cosas tengan que suceder. Una vez que entendamos este procedimiento, estaremos más relajados, enfocados y equilibrados y podremos abordar cualquier obstáculo que pueda surgir en nuestras vidas.

Una de las cosas que practico a diario son los cinco principios de Reiki....

Sólo por hoy, sé agradecido.

Sólo por hoy, deja ir la preocupación.

Sólo por hoy, suelta la ira.

Sólo por hoy, trabaja honestamente.

Sólo por hoy, sé amable.

Los pensamientos también son poderosos. Creo que una vez que seamos capaces de comprender y controlar nuestros pensamientos y estar más en el momento, no nos preocuparemos y no nos involucraremos en el drama diario de nuestras vidas.

No puede uno preocuparse por las cosas que no están bajo tú control. Créeme, es una pérdida de tiempo y energía y genera solamente incertidumbre en muchos casos.

Cuando tenemos esos momentos de debilidad o desalineación que nos alejan de nuestro equilibrio y paz interior, debemos enfocarnos en lo agradecidos que tendríamos que estar por lo obtenido. Estar agradecidos nos dará la fuerza para volver a alinearnos con nuestros pensamientos.

Nos permitirá también comprender que es más importante apreciar el hoy que preocuparse por el futuro. El futuro es desconocido y no podemos controlarlo.

¡Así que concentrémosnos en el hoy!

La forma en que reaccionamos ante una situación determinada, es uno de los pasos más importantes que podemos dar mientras asumimos la responsabilidad de su progreso. No hay que preocuparse por nada que uno no pueda controlar y recuerda que nada puede quitarte la felicidad.
Deja de cargar con problemas que solo te pondrán peso y no te ayudarán a alcanzar tus metas.

Necesitamos liberarnos y entregarnos al proceso para que podamos permanecer alineados y comprender la Fuente Divina, el Universo.

Necesitamos utilizar prácticas que nos ayuden sostener este proceso como el yoga, la meditación, el trabajo con la tierra, etc.
Estas actividades nos ayudarán a mantener la conexion con la Fuente Divina, el Universo y con tus deseos e intenciones.

Esta es una de las claves de la manifestación y puedes implementarlo en tu rutina diaria también.

Recordemos que ser agradecidos es la base de nuestra confianza. Sé agradecido y confía en el plan divino que la vida tiene para cada uno. Agradezcamos que podamos cortar o cambiar patrones, comportamientos para liberarnos y entregarnos a cosas mejores por venir.

Trata de detectar los problemas que estás experimentando y no te aferres a ellos. Libéralos para que no te quiten el estado de felicidad. Si sigues estos pasos, tendrás un camino que asegurará tu felicidad y podrás controlar esos pensamientos negativos que pueden trastocar tus metas.

Si no cortas o manejas esos patrones o comportamientos y problemas, no podrás alcanzar la verdadera felicidad y el equilibrio que todos deseamos.

La mayor parte de la ira y la angustia que puedes experimentar a diario proviene de pensamientos negativos que se convierten en emociones, y eso es lo que debemos controlar.
Una vez que aprendamos esa lección, la vida será mucho más fácil. Una vez que aprendamos a controlar los pensamientos negativos, ya que esos pensamientos son los que nos llevan a lugares infelices, podrás continuar con tu plan y tus metas. Ser capaz de convertir esos pensamientos negativos en positivos te ayudará a seguir tu camino hacia la felicidad, la paz y el equilibrio.

PRUÉBALO y te sorprenderá de lo efectivo que puede ser este cambio de vida.

ESTUDIANDO LO PENDIENTE

A veces la vida nos da pistas, señales e incluso conocimientos que nunca pedimos.

Durante muchos años, y casi podría decir, desde que tengo memoria, sentí que era diferente en general. No tenía estos sentimientos porque me considerara especial, sino porque creía que todos los seres humanos eran únicos en su propia forma y por esa razón siempre vi a todos como un ser especial.

Tenía esos sentimientos porque sentía que vibraba a una frecuencia diferente a la de los demás.
No pude entenderlo de niño, pero así y todo me sentía bien siendo diferente.

Sentí que me relacionaba mejor con los adultos que con alguien de mi edad. También tuve muchas experiencias a través de premoniciones, visualizaciones y sueños como prueba para mí mismo en su momento.

Mi inclinación por la música, desde mi infancia, fue el camino y vehículo que elegí y seguí a lo largo de mi vida, con el fin de canalizar en todo momento mis vibraciones y sensibilidad, tanto espiritual como físicamente.
La música se convirtió en mi mejor amiga en la vida. Me animó muchas veces en mis momentos más oscuros y me empujó a comunicarme con otros como orador profesional, comunicador, educador e intérprete. Vibraciones, decibeles, notas y armonías están tan intensamente relacionados con nuestro cuerpo físico, mucho más de lo que pensamos.

Me apasiona continuar educándome como parte de mi evolución y crecimiento personal y espiritual.
Siempre tomé la iniciativa, como una modalidad natural para aprender y luego compartir mis conocimientos con los demás.

Ahora con toda esta nueva información adquirida, disfruto compartir la importancia de vibrar de una manera sana y armoniosa, diariamente mientras exploro métodos y prácticas alternativas medicinales. Las palabras holística y orgánica se fueron convirtiendo en parte de mi vocabulario y ahora me dejo fluir con ellas, libremente, en mi día a día.

Tuve muchos altibajos emocionales, como todos hemos tenido, que afrontar en mis 50 y tantos años de vida.
 Pude conquistarlos y seguir adelante. Pero como dije anteriormente, siempre sentí que algo me faltaba.

Una vez que pude identificar ese eslabón perdido o faltante, comencé a buscar nuevos conocimientos e información que necesitaba para llenar ese vacío.
Me di cuenta que la vida funciona de formas muy misteriosas.

Al final de un matrimonio, pude hacer cerrar un capítulo de mi vida y comenzar a cuestionarme sobre "¿Qué era la felicidad para Humberto?" y qué pieza o piezas faltaban en mi vida para alcanzar un estado de felicidad.
En este punto me di cuenta de que necesitaba estar más en contacto con mi ser interior, mi espiritualidad, mi alma y con el universo.

Tuve que hacer un examen de conciencia muy profundo, así que decidí dedicar mi tiempo y energía de manera consciente y responsable al estudio de la Ley de Atracción, Sanaciones Energéticas y Medicinas Alternativas.
Fue muy fácil comenzar el proceso porque toda la información que buscaba me llegaba sola, lo que me sorprendió.
En ese momento de mi vida todo comenzó a fluir, a alinearse , a tener sentido. Resonando con el poder del universo, pero no tan informado en el tema, entendí que había una razón el por qué esta información me llegaba.

Eran mensajes a través del Internet, correos electrónicos, ofertas e incluso chamanes que se cruzaban en mi camino, cosa que nunca habia experimentado antes. Lo curioso es que todo estaba relacionado con mi camino de vida, que estaba recorriendo, y simplemente no lo notaba hasta en ese momento.

Siempre estuve dejando esos mensajes a un lado o ignorándolos, hasta que tuviera tiempo de prestar atención. Cuando me di cuenta de que tenía ahora el tiempo, pude ver que estaba listo para recibir la información que estaba delante mío. Sé que siempre estuve dispuesto a dedicarme a la espiritualidad, pero siempre lo postergué, anteponiendo otras metas personales y profesionales. Sólo necesitaba aceptar la responsabilidad de "simplemente hacerlo". Mientras asumía la responsabilidad, me preguntaba si estaba posponiendo esta área de estudio por alguna otra razón.

Poco sabía que estaba pasando por muchas etapas de curaciones y entendí que tenía que trabajar muy duro conmigo mismo. No iban a ser solo sesiones de lectura y meditación, sino mucho trabajo personal con dedicacion y responsabilidad.

Cuando decidí permitirme ser parte de este nuevo camino, comencé a honrar mis deseos y la intención que ya había establecido desde hacía tiempo.

Siempre me prometí a mí mismo que algún día honraría y estudiaría un lado de mi ser, que ni yo ni los demás entendían.

Decidí que estudiaría los posibles dones o talentos que tenía y que no había desarrollado. Sentí que, sin querer y sin saberlo, había fijado mi intención cuando tenía unos 7 u 8 años, lo que condujo al proceso de la manifestación. Obviamente establecí una clara intención de aprender sobre la espiritualidad y otras modalidades relacionadas a ella.

Entiendo que establecer una intención clara se materializará y manifestará cuando estemos preparados para ello y sea el momento adecuado.

Ahora comprendo el plan divino y el tiempo divino: todo sucederá cuando sea necesario como parte de nuestro camino y evolución.

No nos llegará nada que no podamos manejar o tolerar, por más difícil que sea de entender, cuando se nos presenta. Así supe que toda la información que recibía a través de los mensajes eran para comenzar este nuevo camino que me llevaría a las ceremonias y plantas medicinales Sagradas de San Pedro y Ayahuasca.

Decidí inscribirme en una Academia de Sanación Energética con un Chamán ("trabajador de la luz"), Chamana de Bolivia.
Conocí a esta Chamana cuando vino a mi Academia de Arte "Humfor Energy of the Arts" en Fort Lauderdale, Florida, USA.

En ese momento, venía a clases de Psicodrama y así fue como me enteré de su "trabajo y profesión".
Resoné con ella desde el mismo momento en que la conocí.
Estaba muy en sintonía con sus enseñanzas y vibraciones.
Ella era muy detallada y tenía un estilo académico.
Como estudiante académico con dos maestrías y un certificado de postgrado, entre otros diplomas, sabía que necesitaba que me presentaran de manera académica esta nueva información.
Necesitaba incorporar y asimilar esta información académicamente para que tuviera sentido en mi cerebro para luego poder implementarla en mi campo espiritual y energético.

Tenía la necesidad de incorporar nuevos conocimientos e información a mi vida.

Sabía que esto era más que los estudios clínicos y mi trabajo profesional que había hecho durante 25 años con la población geriátrica.
Siempre creí en la integración y no en la segregación. Me considero una persona muy abierta a nuevas cosas, nuevas ideas, creatividad y todas las posibilidades en general.

Al decidir comenzar este camino, me di cuenta y supe que había comenzado un nuevo rumbo en mi vida. Muchas señales y situaciones se me han manifestado en estos últimos años que me han llevado a tomar la decisión de prestar atención a mi vibración y mi vocación. Había estado recorriendo mi vida con el máximo deseo de llenar el vacío que sentía y encontrar el eslabón perdido que estaba buscando.

¡ASÍ QUE LO HICE!

Cuando comencé a reconocer y aceptar los diferentes sentimientos que había tenido desde niño, comencé a dedicar mi energía, alma y vibración a mi verdadero camino.

Mi viaje comenzó estudiando métodos y prácticas de curación alternativa, una mirada holística. Como músico, sabía que la música tendría un papel importante en mi desarrollo.

Comencé a comprender e implementar la música y el sonido como una técnica de curación y demostrar cómo afecta al cuerpo humano.

Siempre utilicé música con mis clientes de Alzheimer y demencia, y pude ver cuán efectivo era con ellos al reducir sus comportamientos de ansiedad.

Me Certifiqué como Sanador con Curaciones con Energía, sabiendo que eso debía ser parte de mi evolución por el resto de mi vida. Sabía que quería convertirme en un puente entre el viejo y el nuevo Humberto en el que me estaba convirtiendo. Quería tender un puente también entre la mente clínica y el campo energético y espiritual.

A través de todos estos nuevos sentimientos y aventuras personales, obtuve la certificación como Sanador de Energía. Mientras practicaba varios tipos de técnicas y métodos de sanacion, tanto tradicionales como alternativas, descubrí que podía ayudar a otros en su camino hacia la felicidad.

Como especialista en geriatría en estudios sobre el envejecimiento, administrador y asesor de sobre el cuidado de la salud, además de músico e intérprete, estoy fusionando mi conocimiento y experiencia con todas estas nuevas técnicas y filosofías.

Al estar certificado como Reiki Master, Terapeuta con Ángeles, Regresión de Vidas Pasadas y Lecturas de Registros Akáshicos, pude comprender, interrelacionar e implementar estas modalidades con mi experiencia clínica y tradicional en mi profesión.

Me siento humildemente bendecido y muy complacido de haber tomado esta decisión de haber elegido escuchar mis propios dones, intuición y vibración.
Este nuevo enfoque me permite traer paz, conocimiento y al tiempo brindar ayuda a las personas a través de curaciónes alternativas más holísticas y orgánicas.

Y este fue sólo el comienzo de mi camino.

BÚSQUEDA INTERIOR

Este proceso no es una tarea fácil para el ego. Cuando comiences la búsqueda para encontrarte a tí mismo, necesitarás mucho coraje, determinación, responsabilidad y una clara intención de por qué estás haciendo esto y qué es lo que quieres lograr.
Todas estas cualidades se convertirán en tu apoyo y una forma de mantenerte enfocado en tus objetivos.

Para mí fue el momento adecuado, el momento correcto en mi vida.

Decidí llenar ese vacío que sentía desde niño.
Estaba decidido a empezar a sentirme más en equilibrio, balance y en paz con mi carrera, estilo de vida, mi cuerpo y espíritu.
En cierto modo, mi intención era que yo mismo me entendiera de una manera más holística, natural.
Estaba decidido a descubrir qué era la verdadera felicidad para mí.

Comencé este viaje, como dije antes, después de un divorcio cuando me di cuenta de que había algo más que estar casado y ser aceptado por la sociedad.

Sabía que había mucho más por descubrir sobre mí y el Universo. Lo sentí y conscientemente quise desentrañar los misterios de la vida. Siempre supe que esto vendría a mi vida cuando fuese el momento correcto. Comencé a prestar atención y respetar mi intuición.

Los mensajes estaban a mi alrededor, pero no me di cuenta de que esos mensajes habían sido parte de mi vida todo el tiempo. Simplemente no les había prestado atención.

Mi búsqueda interior comenzó con una simple pregunta. ¿Qué fue la felicidad para Humberto? Este era mi objetivo o propósito final en la vida, poder alcanzar la felicidad en un nivel superior o, como me gusta llamarlo, una "felicidad consciente".

Después de rever mi historia, mi vida personal, comencé una búsqueda interior detenidamente. Fue como pelar las hojas, capas de una cebolla y poner esas hojas en una mesa para ver cuáles faltaban. Me di cuenta de que faltaba algo esencial. Necesitaba más que dinero, objetos materiales o personas para hacerme feliz. Me di cuenta que necesitaba estar en contacto con mi ser interior al mismo tiempo que me honraba y me aceptaba.

La espiritualidad no se encontraba en ninguna de esas capas de cebolla. Esto fue fácil de entender pero difícil de aceptar conscientemente.

Me sentí vacío y avergonzado por alguna razón. No me castigé por sentirme de esta manera, pero me di cuenta de que ahora era el momento de comenzar lo que había estado postergando desde que era un niño.

No estaba seguro si lo estaba haciendo de una manera correcta, pero le di la bienvenida a cada paso que daba sin resistencia de ninguna índole.

Me crié en una familia católica tradicional. Tomé mi primera comunión, pero nunca recibí la confirmación, otro Sacramento de la Iglesia Católica.

A lo largo de mi vida, estuve expuesto al trabajo espiritual. Mi padre me mostró filosofías diversas y holísticas espirituales.

Mi padre es un hombre muy especial para mí y siempre estuvo involucrado en el arte de expresión física y corporal y yoga. A sus 83 años, continúa involucrado con las medicinas alternativas , las prácticas espirituales y holísticas.

Nunca impulsó a sus creencias a nadie en la familia.
 Siempre nos dijo a mi hermana y a mí que si alguna vez queríamos aprender más sobre el 'trabajo de Escuelita Espritual' o investigar otras religiones y filosofías, deberíamos hacerlo cuando seamos adultos.
 Nos dijo que lo estudiáramos y nos aseguráramos de que nos hicieran bien.

Toda esta explicación surgió cuando le pregunté a mi padre por qué no nos llevaba con él a sus prácticas espirituales. De mi padre, supe respetar y valorar todas las religiones y prácticas mencionadas.

Encontré la música como mi religión. La música era mi forma de comunicarme con el Universo y Dios. No me di cuenta de que inconscientemente me sincronizaba con el Universo a través de la música, las letras y los acordes musicales.

Si lo pienso ahora, me estaba elevando vibracional y espiritualmente constantemente a través de ella y acercándome a Dios como si fuera a la iglesia todos los domingos, como lo hacía la mayoría de la gente en mi ciudad.
Sabía, en cierto modo, que estaba conectado y que algún día dedicaría mi energía y tiempo adecuados para descubrir mi espiritualidad.

Desde los 8 años, estar conectado con la música me hizo sentir conectado con Dios, la energía y el Universo.

También tenía una conexión especial con Abraham y la fe judía.

Mi amor por la música me llevó a dedicar muchas horas de estudio, logrando una Maestría y convirtiéndome en Profesor de Música con especialidad en piano y dirección coral a los 19 años en Buenos Aires, Argentina.

Sin saberlo, estaba adquiriendo conexión espiritual a través de la música, lo que me hizo darme cuenta de que necesitaba concentrarme más en el aspecto académico.

Realmente puedo decir que nunca me he sentido vacío espiritualmente, pero siempre me he preguntado si yo era una persona espiritual al seguir un camino diferente al católico tradicional de mi familia.

Obviamente no entendía que la espiritualidad y la religion son dos cosas diferente

Cuando llegó el momento, se presentó de manera tan simple y solo una publicación en Facebook donde el mensaje me llegó.

Se trataba de un curso de Sanación de Energía.
Sabía que era el momento adecuado y estaba preparado para ello. Sentí que encontré el camino correcto, una academia, un guía y tenía el tiempo para dedicarle al estudio. Todo estaba alineado y listo para mí.

Recuerdo lo feliz que estaba al encontrar ese eslabón perdido. Me sentí lleno de alegría y paz.

Recuerdo haber dicho -"Gracias, gracias, gracias".

El proceso de búsqueda interior me quedó claro en ese momento. Sentía paz interior y esta vez no fue a través de la música, sino a través del camino que estaba a punto de comenzar en mi vida. Sintiéndome tan alineado con lo que estaba comenzando, continué profundizando en mi búsqueda. Tenía que determinar qué era la paz y el equilibrio para mí. Este proceso me tomó un par de semanas cuando comencé a cuestionarme y pensar para comprender verdaderamente qué era la felicidad para Humberto.

Me di cuenta de que todos los demás esfuerzos que pude lograr no estaban 100% alineados con lo que estaba buscando en realidad.

No diré que no sean importantes ni que no esté agradecido por el éxito material que me han dado.
Lo que me di cuenta fue que el eslabón perdido era más importante, más relevante para mi vida y mi felicidad.

Entonces, comencé a estudiar con un chamán, un maestro, un trabajador de la luz en su academia para Sanaciones con Energía.

El punto interesante de mi vida fue cómo todo se desarrollaba en un tiempo perfecto. Era el momento adecuado para hacerlo.
Me sentía bien, pleno. Había estado esperando este momento para dedicar el tiempo y la energía para profundizar mi espiritualidad y mejorar mi conocimiento de la misma.

Todo estaba alineado, como mencioné, y estaba listo para esta nueva experiencia.
En cierto modo, sentí que Dios me tomaba de las manos y me dejaba sentir Su Amor.

Siento que Su Plan para mí era experimentar todo de una manera natural y orgánica. Es como que me dijo: -"Estarás preparado de manera integral y orgánica, y aprenderás a medida que tu viaje en esta vida se desarrolle porque eres sabio. Usarás tus dones y los disfrutarás y ellos te apoyarán durante tus altibajos.

Todo viene en un plan y tiempo divino. Lo experimentarás primero en carne propia y en tus emociones, y un día lo estudiarás y podrás apreciar tus dones y aciertos para darte cuenta que yá tu lo vienes practicando "-.... Y así fue ...

Mientras escribo este libro, se fueron dando muchas ocasiones en las que hice las cosas correctamente sin saber por qué lo hacía de esa manera. Ahora me doy cuenta de que fui guiado de alguna manera para superar las barreras y los momentos oscuros mientras seguía pasos correctos.

También me gustaría decir que fue muy emotivo que mi amiga de 15 años me dijera:
- "Vaya, has estado haciendo todas estas cosas antes de comenzar este nuevo enfoque en tu vida. Puedo verlo y soy parte de el, así que sigue adelante ".
Necesitamos entender que estar preparados para cualquier cosa a la que vayamos abordar es uno de los factores más importantes.

Estar preparados conscientemente para cualquier tipo de éxito o manifestación es imprescindible.
De lo contrario no podríamos conectarnos con Dios, el Universo o Fuente Divina en la que creamos.
Obviamente, no tenía esta información cuando comencé el proceso y no lo entendía desde el lado racional, académico, cognitivo. Pero les puedo asegurar que estaba listo para hacer lo que tuve que hacer.

Aprendí esta forma de pensar viendo el éxito que tuve, a través del trabajo duro después de llegar a los Estados Unidos cuando tenía 21 años con $ 150,00 en mi bolsillo hace 31 años.

Prepararse en el momento adecuado es la única forma en que funcionará un proceso o una experiencia de aprendizaje. Si no está completamente preparado, no podrá beneficiarse por completo o comprender el o los mensajes y nunca obtendrá el resultado que busca.

Creo que, sin saberlo, estaba practicando el 'Arte de Permitir'.
El arte de permitirme y prepararme para ese momento divino preciso y estar dispuesto a aprender desde el punto de vista académico.
Lo bueno es que nunca me resistí a aprender o recibir mensajes desde lo espiritual. Me entregué a lo que fuera parte de un plan divino.

Nunca lo cuestioné ni lo desafié, así que supongo que el Universo sabía que estaba listo para manejar cualquier cosa que se me presentara en el recorrido de mi camino de esta vida.

Todo se alineó y llegó a mí en el momento adecuado, preciso.
Para mí fue iniciar este nuevo camino. Estaba listo!

Estar preparado con una clara intención y deseo es lo que me llevó a escribir este libro como parte de mi aprendizaje.

CAPITULO 3
DESCUBRIENDO LA MEDICINA DE LA TIERRA

Cuando comencé a transitar mi nuevo camino de Sanaciones con Energías y otras prácticas de medicina alternativa, mi mundo personal y espiritual se expandió a niveles que nunca pensé.

Estoy seguro de que has experimentado algo similar al leer o experimentar algún tipo de curación energética y te habrá sorprendido como has resonado con ella.

Soy un firme creyente de que la Fuente Divina o Dios nos envía lo que queremos cuando lo hacemos correctamente y esta Fuente Divina lo recibe con nuestra vibración consciente.

De alguna manera el nombre de este libro: "Un Viaje a la Medicina de Las Plantas Sagradas", resonaba o vibraba contigo y es por eso que te estás alineando con este tema y conmigo.

Es una experiencia hermosa y maravillosa que encontramos cuando nos entregamos sin resistencia a nuestra vocación, tema de interés, nuestros deseos y nuestra intuición.

Todos conocemos la importancia de los árboles y las plantas en nuestro medio ambiente y su contribución a la humanidad y a nuestro planeta tierra.
Los beneficios de las plantas son invaluables y realmente podemos decir que las plantas no son sólo para decorar nuestros jardines o alimentar a nuestras familias.

Cuando comenzamos a investigar y aprender sobre los beneficios de las plantas y hierbas, podemos decir que tienen en muchos casos el poder de curar heridas, dolores de cabeza, facilitan la digestión, junto con otras bondades.

Lo sorprendente es que puedes cultivarlas en tu propio patio o jardín. ¿No es maravilloso? Esto recuerda a mis antepasados, abuelos de Argentina con sus raíces italianas e indígenas...

Me han ofrecido variedades de tés, concentrados y aceites de plantas medicinales a lo largo de mi vida y fueron consumidos en mi familia como una alternativa natural a la medicina occidental.

En lugar de recurrir a una farmacia, en muchas ocasiones íbamos al jardín en busca de esa hierba curativa.

Para algunos de nosotros, es una tradición familiar tener algunas plantas medicinales que nos ayuden a mantenernos saludables.

Estoy seguro de que usted mismo puede tener algunos de estos recuerdos o está cultivando hierbas y plantas en su propio patio o jardín para usarlas como remedios y para cocinar.

La razón por la que se llama Plant Spirit Medicine o Plantas Medicinales Espirituales o Sagradas, es por la sencilla razón de que estos medicamentos generalmente están hechos de ingredientes a base de plantas como Peyote (cactus), San Pedro (cactus), Ayahuasca (hiedras y raíces), Psilocibina (hongos), Iboga (arbusto).

Me tomaré la libertad de expresar mi opinión y decir esto sobre las plantas Sagradas o medicinales siendo la más conocida la Ayahuasca, una infusión a base de raíces elaborada en toda Sudamérica.

Parece que últimamente la medicina de San Pedro también está ganando popularidad en todo el mundo.

La popularidad de la Ayahuasca no sólo está siendo promovida por grupos religiosos, sino también por la investigación constante de la medicina occidental sobre sus beneficios.

Como podemos ver, tanto las medicinas alternativas como las occidentales están tratando de apoyarse y aprender unas de otras para el beneficio de nuestro bienestar.

MEDICINA TIERRA, TRADICIONAL y OCCIDENTAL

En las últimas décadas hemos visto más personas tomar conciencia en los enfoques naturales y holísticos de la salud, la medicina y los alimentos que consumimos. Por supuesto, pudo haber sido una estrategia de marketing inteligente para muchas empresas, pero por alguna razón, ha tenido un resultado y beneficios positivos en la humanidad.

La medicina occidental comenzó con el médico griego Hipócrates de Cos (460-ca. 377). Es considerado el padre de la medicina en el mundo occidental. Podemos decir que la medicina occidental se basa en un sistema en el que los médicos y otros profesionales de la salud tratan los síntomas y enfermedades utilizando elementos y tratamientos tradicionales como medicamentos, radiación y cirugías. Estos profesionales de la salud utilizan la medicina alopática, la biomedicina, la medicina convencional y la medicina ortodoxa.

Entonces, ¿a qué llamamos "medicina moderna"? La medicina moderna es sinónimo de la medicina occidental a pesar de que esta medicina tiene su origen en el oriente. Se la conoce como "medicina occidental" porque la ciencia moderna tiene sus raíces en la filosofía de los conocimientos europeos. De manera similar, la medicina holística es a menudo sinónimo de medicina tradicional china u oriental.Entendamos la diferencia entre la medicina tradicional y la moderna. Cuando nos referimos a la medicina tradicional, necesitamos entender cómo evolucionó todo.

Los practicantes tradicionales históricamente han compartido sus conocimientos y experiencias libremente. Usaron "acceso libre" antes de que existiera el término.

Como parte de la evolución de la medicina, también tenemos la evolución de leyes de regulaciones y reglamentos. La medicina moderna tiene leyes de propiedad intelectual muy estrictas y un sistema de patentes muy evolucionado que se utiliza para proteger el conocimiento sobre medicamentos o técnicas médicas.

Hablar de Medicina de la Tierra es hablar del arte curativo de trabajar con plantas, minerales y cualidades animales para lograr un bienestar integral en la mente y el espíritu. Cuando lo hacemos conscientemente, la medicina parece ser más efectiva y fluirá a través de nuestro cuerpo con grandes resultados.

El concepto integral de por qué la Medicina de la Tierra se llama "Medicina" es porque se usa para curar nuestros cuerpos y mentes mientras aspiramos a usarla para curar el planeta al mismo tiempo.
La Medicina de la Tierra toma en consideración, de manera integral, muchas culturas ancestrales y tradicionales como un espíritu humano hermoso y en evolución constante. Este tipo de medicina, practicada por algunas culturas, así como por individuos, es tan necesaria para muchos como el aire y el agua. Cuanto más se practique este tipo de medicina, más eficaz y natural será la curación.

Esta es una herramienta fantástica para ayudarnos a comprender y trabajar con nuestro planeta y sus recursos como una herramienta fantástica creada por la humanidad. La medicina de la tierra está tratando de proporcionarnos los recursos necesarios como parte de una ciencia. Por lo tanto debemos respetar esta medicina y sus medicamentos y tratarlo de manera responsable y respetuosa.

PLANTAS MEDICINALES Y ESPIRITUALIDAD

Cuando empezamos a hablar de las plantas y sus poderes medicinales, podemos entrar en una conversación muy larga e interesante. Por eso intentaré limitarme y mencionar sólo algunas características de estas plantas llamadas "Plantas Medicinales". También abordaré cómo éstas están siendo utilizadas por muchas culturas actualmente y también lo han sido durante muchos años.

Como parte de mi investigación y comprensión, lo que llamamos Plantas Medicinales, algunas personas la llaman Medicina de Plantas Sagradas o Espirituales. La razón por la que la llaman así es porque reconocen que la planta tiene un espíritu real.

Plant Spirit Medicine o Medicina de Plantas Sagradas puede curar los confines más profundos del corazón y el alma cuando se toma, mientras permite que el espíritu de la medicina nos guíe y nos cure de una dolencia.

Desde el principio de los tiempos, cuando el curandero chamán tradicional trabajaba con el mundo de las Plantas Medicinales trabajaba con el espíritu de las plantas. Por eso es importante conocer las cosas por su nombre, su nombre apropiado. Plant Spirit Medicine o Medicina de Plantas Sagradas no significa realmente que funcione con "Tú" espíritu.
Lo que significa es que a través del espíritu de la planta, se proporcionará un proceso de curación a quien la tome. Es el espíritu de la planta lo que cura a los pacientes de un Chamán o Curandero cuando toman la medicinas. Tenemos que entender que los espíritus son sus amigos, sus maestros y sus guias para un Chamán o Curandero.

Una vez que comience a instruirse y prepararse para adquirir la medicina de Plantas Sagradas, sentirá que comenzará a conectarte con el espíritu de la medicina. Más adelante hablaré sobre la importancia de encontrar la forma de comprometerse con la medicina desde el momento en que toma la decisión de asistir y durante una ceremonia de Medicina de Plantas Sagradas.

Esta antigua práctica, olvidada hace mucho tiempo en Occidente, ahora ha sido revitalizada y reintroducida por los curanderos en la actualidad. Muchos chamanes o curanderos han demostrado su eficacia en el mundo actual como en el pasado. Los curanderos de Plant Spirit Medicine o Plantas Medicinales Sagradas recurren cada vez más a los extraordinarios poderes curativos del espíritu de la Medicina. Hoy vemos muchas ceremonias que ofrecen este tipo de curación.

Me gustaría dejar en claro que la Medicina de Plantas Sagradas no es para fines recreativos y debe tratarse con respeto, como cualquier otra medicina.

Creo que cuando usted incorpora cualquier medicamento en su cuerpo, debe consultarse al médico o al profesional que le está administrando ese medicamento para su seguridad.

Debe investigar su experiencia y antecedentes de la persona que va a estar liderando o coordinando este tipo de práctica. De la misma manera que se está preparando para una ceremonia, también debe tomarse el tiempo para asegurarse de que está poniendo su salud en manos de una persona profesional y de confianza.

También es importante comprender la diferencia entre Plant Spirit Medicine y otras formas de fitoterapia.

Se diferencian por la importancia que otorga a la relación entre el curandero, las plantas y el cliente.

Los herbolarios tratan una variedad de afecciones físicas, enfermedades y alergias mediante el uso integral de las plantas y hierbas junto con el conocimiento médico.

A su vez tratan a los pacientes con remedios a base de plantas, así como con otros tratamientos. Muchas de estas medicinas complementarias y alternativas realmente pueden ayudar a una persona de manera integral y orgánica.

Los curanderos de Plant Spirit Medicine o Plantas Medicinales Sagradas miran a la persona como un todo, dejando atrás la crítica, sin juzgar.

Ellos se concentran en verte con todo los conocimientos y talentos que tienen para ofrecer, mientras trabajan con el espíritu de la planta para ayudarte.

Como sanador con energías, sólo puedo ver a la persona como un todo para llegar realmente a la raíz del desbalance energético o desequilibrio que posea. Una vez que veo a la persona como un todo, puedo seleccionar el uso del tratamiento adecuado y proporcionarle lo que necesita para la salud de su cuerpo, mente y espíritu. El resultado es profundamente eficaz como forma orgánica y natural de curación en todos los niveles.

Personalmente puedo decir que cuando he tomado la medicina, San Pedro o Ayahuasca puede trabajar en problemas específicos que pueden no siempre ser agradables. El beneficio de lograr claridad y curación a mis problemas es lo que me permitió concentrarme y escribir este libro.
La Medicina de Plantas Sagradas me permitió volver a la sensación de equilibrio, armonía y poder ser la mejor versión de mí persona.

Si crees en la medicina y te entregas conscientemente a sus espíritus, experimentarás el descubrimiento más importante e interesante de tí mismo, mientras sanas y evolucionas al mismo tiempo. Es un sentimiento que nunca olvidarás.

Debemos recordar que muchos de nuestros ancestros vivieron de esta manera, natural y saludablemente.

Pudieron vivir una existencia donde no había separación de la naturaleza. Honraban sus raíces, tradiciones y cultura mientras se protegían con estas medicinas naturales a base de plantas y hierbas.

En última instancia, puedo decir que la Medicina de Plantas Sagradas puede restaurarnos a un estado de gracia a través de sus curaciones y enseñanzas.

SAN PEDRO VS. AYAHUASCA

Cuando hablamos de Medicina de Plantas Sagradas, me vienen a la mente dos ceremonias de más populares de esta medicina; Ayahuasca y San Pedro.

No soy un experto en esto, pero me gustaría compartir con ustedes el conocimiento y la información que pude recopilar, aprender y experimentar.

Estas dos Medicinas de Plantas Sagradas serán la concentración de este libro y de las ceremonias que han sido realizadas por muchas culturas durante muchos años.

Para mí es importante aprender diversas cosas en general, pero nunca me quedo satisfecho con una sola frase o comentario como explicación. Necesito ir a la raíz del tema para satifacer mi deseo de conocimiento. No digo que todo el mundo tenga que hacerlo de esta manera, pero es mi forma de aprender.

Comencemos por comprender la diferencia entre la Medicina de San Pedro y Ayahuasca.

Al comparar los dos, diría que la Ayahuasca es utilizada para la exploración de uno mismo y del mundo (visible e invisible) fuera de uno mismo.

San Pedro trata de volver a casa contigo mismo.
Es difícil describir lo que sucede en una ceremonia de Ayahuasca o incluso en una ceremonia de San Pedro ya que cada ser es diferente y todos tenemos distintas experiencias.

El propósito de preparar y beber Ayahuasca era para uso espiritual y religioso de las antiguas tribus amazónicas. En estos días, muchas comunidades religiosas en América del Norte, América Central y Brasil lo utilizan como té sagrado. La medicina occidental ha prestado atención al té de Ayahuasca como una ayuda potencial para las personas que sufren de depresión y ansiedad. Se han realizado muchas investigaciones y detallaré más información sobre este tema en los siguientes capítulos.
Por otro lado, la Medicina que provee San Pedro, como se le llama en muchos lugares, es una infusión de cactus.
El chamán o coordinador preparará la medicina durante más de ocho horas como parte de un ritual. Este brebaje tiene una energía masculina y es por eso que muchos chamanes o curanderos lo llaman "el brebaje del abuelo" por ser más suave y delicado.
Debo mencionar aquí que también hay una version en polvo de la medicina de San Pedro del mismo cactus que también se usa en ceremonias y rituales.

¡La medicina de San Pedro es muy poderosa!
Nos conecta con la energía del sol, por lo que la ceremonia debe realizarse al aire libre cerca de la naturaleza o un lugar sagrado.

La medicina de San Pedro te llevará a diferentes estados de conciencia donde podrás lograr una disolución de complejos inconscientes arraigados en problemas personales.

Es muy importante el rol del chamán o del coordinador en la ceremonia. Ellos la llevarán a cabo y supervisarán su medicina. Serán el pilar principal que los guiará a través de este viaje mientras trabajan con sus intenciones y el espiritu de la Planta.

En muchas Ceremonias se realizarán muchos rituales como: Limpias espirituales, canciones medicinales, de limpieza y sanación que te permitirán expandir tus sentidos para sentirte conectado a la Madre Tierra y experimentar la belleza del amor.

La medicina te mostrará que eres una parte importante de este planeta sagrado y cómo debes protegerlo para que pueda seguir beneficiándote con sus medicinas secretas. Parte de la enseñanza te ayudará a comprender por qué tomamos decisiones y elecciones equivocadas y te ayudará a resolver esos problemas si esa es tu intención y objetivo. Si tu deseo es tener una mejor idea de tu futuro, trabajarás más con tus sentidos y emociones.

En mi última ceremonia, necesitaba sanar mi corazón herido y la planta sagrada me ayudó de una manera muy delicada y suave al mostrarme lo que estaba haciendo mal y las cosas en las que necesitaba trabajar.

El proceso o efecto de la Medicina de San Pedro puede tardar de 12 a 15 horas.

Los efectos de la medicina y ceremonias de Ayahuasca pueden durar de 6 a 7 horas.

Me gustaría reiterar que vas a estar completamente consciente durante estas ceremonias.

Funciona mejor cuando estás en un estado de meditación y en silencio, ya que te permite trabajar y concentrarte en las cosas en las que quieres trabajar.

¿QUÉ PUEDE IR MAL?

Por mucho que preparemos, investiguemos y estudiemos el medicamento, siempre puede haber efectos secundarios y hay algunas cosas a tener en cuenta.
 Esto no es para asustar a nadie ni promover el miedo a los tratamientos de Medicina de Plantas Sagradas medicinales.

Muy pocas personas han tenido una mala experiencia. Alguien dijo una vez que las personas que han tenido una experiencia desagradable simplemente han tenido un "mal viaje" o "se fueron al lado oscuro" de San Pedro.

Personalmente nunca experimenté un mal evento en ninguna de las ceremonias a las que he asistido ni he presenciado alguno. Pero me gustaría abordar los "malos viajes", así como el posible abuso dentro de la Industria de curaciónes y tratamientos alternativos.

La mayoría de las personas tienen experiencias positivas y transformadoras con el uso de la medicina San Pedro y/o Ayahuasca.

Pero desafortunadamente no siempre es así, ya que también hubo casos negativos.

Estos casos pueden dejar a una persona con sufrimiento a largo plazo, psicosis total y hasta pensamientos suicidas. Por eso, es necesario y muy importante que las personas que estén pensando en participar en ceremonias y tomar la medicina de Plantas Sagradas tomen las precauciones pertinentes.

Comencemos asegurándonos de que no tiene condiciones médicas que le impidan tomar psicodélicos.

Si tiene alguna duda, consulte con su médico para ver si usted está en condiciones para trabajar con la medicina ¡Por favor, no ignore su salud!

Como mencioné, asegúrese de asistir a una ceremonia de Medicina de Planta Sagradas con la mentalidad y preparación adecuada en un entorno seguro.

Tómese el tiempo para prepararse. Realice su investigacion pertinente y preparación conscientemente.

Tendrá la oportunidad de revisar todo antes de ir a una ceremonia. Asegúrese de no forzar ningún problema emocional, como un trauma del pasado, que aún no esté listo para enfrentar. Sepa lo que pueda manejar y lo que no.

La importancia de la comunicación con el Coordinador es fundamental y espero que se lo tome en serio.

Cuando creemos en curanderos espirituales y chamanes, también debemos ser conscientes de que puede ocurrir un error o falla en su práctica, así como en cualquier otra práctica profesional.

Como proveedor de atención al público y actualmente practicando la medicina complementaria y alternativa, puedo decir que en esta industria, como en cualquier otra, encontrarás engaños y farzantes.
Hay personas que utilizan el término "sanador espiritual" o "sanador alternativo", y son falsos o, peor aún, promotores de algo no profesional o ético. Puede encontrar personas con falta de ética, con prácticas poco fiables, relaciones depredadoras y más.
Se sabe que el crimen e incluso la guerra espiritual, ocurren dentro de tales comunidades.
Solamente tienes que preparate y educarte y saber donde irás para una ceremonia y confiar en el Chamán, Curandero o coordinador.

EXAMEN DE DROGAS

El componente en la Ayahuasca, DMT (N,N-dimetiltriptamina: compuesto químico de la familia de las triptaminas) se metaboliza muy rápidamente y es indetectable en la sangre unas horas después de la ingestión e indetectable en la orina dentro de las 24 horas.

Varios factores están involucrados en la determinación de cuánto tiempo se detecta la Mescalina (alcaloide del grupo de las feniletilaminas con propiedades alucinógenas que compone la Medicina San Pedro) en el cuerpo.

El cronograma para detectar Mescalina en el sistema también depende del metabolismo, la masa corporal, la edad, el nivel de hidratación, la actividad física, las condiciones de salud y otros factores de cada individuo, lo que hace imposible determinar una ventana exacta para cuando la Mescalina aparecerá en un test o examen de drogas.

¿Son adictivas la Ayahuasca y San Pedro?

No hay evidencia científica que indique que el DMT sea adictivo. Algunos reportes dicen que algunos usuarios tienen el deseo de recrear la experiencia positiva que tuvieron en la ceremonia.
Es por esto que esta medicina, está siendo evaluada y contemplada por la medicina tradicional como una opción terapéutica para el trastorno por abuso de sustancias. Vuelvo a decir que la Ayahuasca no es una droga que deba usarse de forma recreativa.

San Pedro Medicine, la mescalina no es segura ni legal. Aunque la droga puede no ser adictiva, el abuso a largo plazo de mescalina y peyote puede afectar la vida de una persona y hacer que experimente con otras drogas que conllevan mayores riesgos de adicción y sobredosis.

Pruebas de drogas (DMT y Mescalina). Debido a que el cuerpo metaboliza el DMT en la Ayahuasca muy rápidamente, es difícil encontrar en los resultados de exámenes de drogas.

El análisis típico de sangre u orina que se realiza con la mayoría de los alucinógenos generalmente solo se encuentra rastros poco después de su uso.

No es parte de la prueba de drogas estándar que se usa con fines de aplicación de la ley, empleo o tratamiento.

El DMT se puede detectar si se usa una prueba específica y se puede detectar en un laboratorio en la orina y los folículos pilosos.

La Mescalina en San Pedro, se puede detectar por un tiempo con algunas pruebas, pero puede ser "visible" hasta por tres meses en otras pruebas.

Los siguientes son plazos estimados durante los cuales la mescalina se puede detectar mediante varios métodos de prueba de laboratorio:

• Orina: la mescalina se puede detectar en la orina durante 2-3 días

• Sangre: la mescalina se puede detectar en la sangre hasta por 24 horas

• Saliva: la mescalina se puede detectar en la saliva durante 1 a 10 días.

• Cabello: la mescalina se puede detectar con una prueba de drogas en el folículo piloso hasta por 90 días

Nota personal:

En el mundo de hoy creo que la medicina alternativa y complementaria es importante y debe tomarse en serio. He formado parte del mundo de la Medicina tradicional y occidental, especializándome en Geriatría durante años. He trabajado con muchos clientes con diagnósticos de Alzheimer y demencias y he visto cuán importantes son las medicinas tradicionales y, al mismo tiempo, creo que las medicinas alternativas pueden funcionar igual de bien, en muchos casos.

La integración de ambas medicinas sería relevante en todos los casos.

La creencia en ambas y en su complementación es tan poderosa como beneficiosa. Trabajar con ambos tipos de técnicas y medicinas era mi intención y la razón por la que obtuve mi Certificación y Práctica de Sanación con Energía. ¡Y me encanta!

Tener el placer de experimentar la Medicina Alternativa y la Medicina de Plantas Sagradas como parte de mi camino es una bendición en sí misma.

Siempre he estado esperando más y más nuevas formas de curación y nuevos tratamientos. Aunque mis padres me expusieron a la Medicina Oriental y Homeopática, siempre creí que la Medicina Tradicional y Alternativa podían funcionar juntas.

Me gustaría compartir con ustedes lo que experimenté y cómo se complementan mutuamente. Es importante comprender primero ciertas terminologías.

Como conocía los posibles efectos de la Medicina de Plantas Sagradas antes de asistir a una ceremonia, no me sorprendió ni me asusté por los efectos que estaba experimentando y pude entregarme al tratamiento sin resistencia mientras permitía que la medicina actuara.
Como sanador certificado en curaciones con energía y en curaciones a través del sonido, comencé a brindar servicios en mi consultorio con Sobeyda (SoBe) Cantillano, una enfermera diplomada y asesora de atención médica, así como una sanadora con energía certificada.
Juntos, creamos Medicina Alternativa y Complementaria con una Mente Clínica en 2019. Nuestros tratamientos curativos energéticos combinan el enfoque de la medicina occidental con el enfoque de la medicina alternativa.

Creemos que todo comienza desde adentro, lo que incluye nuestro cuerpo físico, órganos, respiración, mente, etc. Es nuestra posición ver a cada individuo desde un enfoque holístico; mental, espiritual, emocional, física y energéticamente. Cuando nos referimos a "dentro" también incluimos pensamientos, conciencia, subconsciencia y sentidos.

Creemos en un enfoque natural y siempre vemos a nuestros clientes desde un punto de vista holístico.

Nos consideramos a nosotros mismos, y a nuestros clientes como parte del universo, Dios y sabemos que todos venimos de una Fuente Divina; por lo tanto, todos estamos conectados de alguna manera.

El tipo de enfoque que usamos con nuestros clientes, también lo usamos con nosotros mismos. Vernos a nosotros mismos de manera integral, como un todo, es el comienzo aconsejable para la preparación de una ceremonia de Medicina de las Plantas Sagradas.

CAPITULO 4
¿QUÉ ES SAN PREDRO?

Según mi investigación inicial, la medicina de San Pedro se usa con fines de jardinería solamente en los Estados Unidos.

Es una planta psicotrópica cuya sustancia principal es la Mescalina. Es legal en los Estados Unidos solo para la jardinería y sus componentes activos son ilegales y sancionados para uso medicinal.

La Mescalina, en todas sus formas es una sustancia controlada.

Sustancia Controlada quiere decir que el gobierno somete a esta sustancia a un control estricto debido a su capacidad de producir dependencia, abuso o adicción.

Se controla la producción, el uso, la manipulación, el almacenamiento y la distribución de la misma.

El uso del cactus San Pedro en ceremonias ha existido durante 3500 años por grupos indígenas en Perú.

El primer uso conocido proviene de una talla en piedra que data de alrededor del 1300 a. C. Representa muy claramente a un chamán Huachuma sosteniendo un cactus alto de San Pedro. La talla se encontró en el Templo Jaguar en Chavín de Huántar en el norte de Perú. Este tallado proviene de la cultura Chavín.

Otro descubrimiento notable realizado en el sitio de Chavín por la arqueóloga peruana Rosa Fung, fueron las colillas de cigarro hechas con el cactus San Pedro. Este cactus sagrado se ve más tarde como un motivo decorativo en cerámicas peruanas como el estilo Salinar de 400-200 a. C. y las urnas de Nasca, alrededor de 100 a. C.-700 d. C.

Necesitamos entender que la sustancia del cactus, la Mescalina, es una droga alucinógena que se encuentra naturalmente en ciertas plantas de cactus nativas del suroeste de Estados Unidos, México y Sudamérica. Estas plantas incluyen: cactus Peyote (Lophophora williamsii), cactus San Pedro (Trichocereus pachanoi) y cactus Antorcha Peruana (Trichocereus peruvianus).

El uso de productos de Mescalina es ilegal en los Estados Unidos, como mencioné antes, pero el Peyote es reconocido como un sacramento en la Iglesia Norteamericana de EEUU.

Es importante mencionar que ha sido utilizado por los nativos americanos durante miles de años en ceremonias religiosas y para el tratamiento de diversas dolencias físicas.

Según la Ley de Libertad Religiosa de los Indios Americanos de 1994, (AIRFA), si se usa en ceremonias religiosas está exento de su clasificación como droga controlada por la FDA (Food and Drug Admistration) - (Administración de Drogas y Alimentos) porque la Mescalina está clasificada como alucinógeno.

La Mescalina también se conoce a veces como:
- Peyote

- Botones

- Luna

- Cactus

Como cualquier otro medicamento, la medicina San Pedro también tiene sus efectos secundarios.

Las personas que toman Mescalina pueden experimentar efectos secundarios desagradables que incluyen ansiedad, latidos cardíacos rápidos, temblores, alucinaciones y psicosis, por nombrar algunos.
Cuando este medicamento se utiliza en una ceremonia de San Pedro puede ser útil para revivir y rememorar recuerdos reprimidos de una manera psicoterapéutica, como superar la adicción y lidiar con el dolor crónico.
El cactus San Pedro, en ceremonias, nos ayudará a sanar, crecer, aprender y despertar. Nos permite alcanzar estados superiores de conciencia.
El medicamento no se utiliza con fines recreativos y siempre debe administrarse bajo la supervisión de un chamán o coordinador experimentado y profesional.

Esta es una medicina que puede llevarlo a un alto nivel de consciencia para encontrar muchas respuestas.

 Tener en una ceremonia un líder, coordinador o chamán experimentado es de gran importancia ya que lo guiará a través de la medicina y la ceremonia. Lo ayudará a trabajar en las áreas en las que necesita concentrarse, o en su intención, que ya se preparó con anticipación para la ceremonia.

Después de experimentar la medicina varias veces con un chamán en ceremonias, no puedo dejar de reiterar lo importante que es prepararte, mental, espiritual y físicamente antes de entrar en este viaje.

La preparación es tan importante como la ceremonia. Durante la preparación podrás comenzar a comprender tu cuerpo, mente y alma. Comenzarás a prepararte para un proceso de curación con resultados deseados y podrás recibir lo que la medicina tenga para usted como tratamiento.

Personalmente experimenté la importancia de tener una intención para atender una ceremonia bien definida y enfocada en ella. Al tener esta información de antemano, la ceremonia le permite trabajar en tu intención de manera orgánica, natural. Como dije antes, la medicina lo lleva a un alto nivel de conciencia con poco esfuerzo.

Nunca perderá el conocimiento. Siempre estará despierto y trabajando con el medicamento que lo llevará a donde crea que necesite trabajar, según su intención.

La medicina le hará trabajar a nivel emocional, físico, espiritual y psíquico. Por eso, tener un chamán o alguien en el rol de coordinador con experiencia es muy importante

El uso de la medicina es para ayudarlo a darse cuenta de que no hay separación entre Ud, yo, la tierra y el universo. Todos somos uno. Todos somos parte de una Fuente Divina.

Una vez que haya experimentado la medicina de San Pedro, entenderá que una de sus enseñanzas es ver la importancia de vivir en equilibrio y armonía.

La medicina es el mejor maestro porque nos enseña a practicar la compasión y la comprensión. También nos mostrará cómo amar, respetar y honrar todas las cosas que nos rodean.

Es un momento muy especial en el que realmente uno puede comunicarse con un árbol, una planta y una Fuente Divina de forma natural y libre, mientras encuentra respuestas, mensajes y soluciones o respuestas a sus preguntas.

Parte de la ceremonia le mostrará que todos somos luz. Podrá trabajar en su niño interior como un ser humano individual precioso y especial, y podrá ver esa luz dentro tuyo.

Todos somos diferentes y las experiencias de cada persona serán diferentes. Todos somos almas únicas, hermosas y siempre nos estamos auto-curando y al hacerlos curamos a otros al mismo tiempo.

Comprenda que cuando beba San Pedro, será un viaje personal de descubrimiento de sí mismo y del Universo.
La medicina Sagrada de San Pedro me ayudó a entender muchas cosas y a redescubrirme a mí mismo para poder seguir evolucionando en un camino de felicidad y con equilibrio emocional.
San Pedro es una experiencia que nunca olvidará y puede cambiar su vida para siempre.
La recordará como un día lleno de luz y amor.

Lo lindo de esta medicina es que tiene una duración de 12 a 15 horas como parte de la ceremonia. Después de este período de tiempo, comienza un período de asimilación e integración, reflexionando sobre las experiencias y mensajes que haya recibido durante la ceremonia.
El tratamiento de esta medicina continúa durante días, semanas e incluso meses mientras lo va incorporando todo de forma consciente. Luego, paulatinamente el tratamiento comienza a trabajar en los problemas de manera efectiva.

Estar preparado le permitirá participar en una ceremonia en un estado mental más relajado y cómodo. Nuestras mentes juegan con nosotros cuando tenemos miedo a algo.
Preguntarse y preocuparse por lo que va a pasar en su primera ceremonia no le permitirá beneficiarse al máximo.
Entonces es conveniente instruirse, hacer su trabajo personal antes de participar en una ceremonia de Medicina Sagradas o Espirituales.

EFECTOS SECUNDARIOS DE LA MESCALINA

La razón por la que quiero explicar los efectos secundarios de la medicina es porque ¡CONOCER ES PODER!

Educarse sobre las propiedades de la Mescalina e informarse lo ayudará a prepararse antes de asistir a la ceremonia de San Pedro.
En mi opinión el conocimiento sobre la medicina que se va a tomar es fundamental antes de cualquier tratamiento.

Si está informado y está eligiendo participar en una ceremonia de San Pedro, le sugiero que conozca todos los pros y los contras. Seguramente no pasará nada malo pero conocer los detalles, le asegurará que nada lo sorprenda en medio de la ceremonia.

Saber qué esperar de la medicina conscientemente lo ayudará a mantener el equilibrio emocional para lo que se pueda manifestar durante la ceremonia.
Es importante confiar en la persona que lo guiará o que esté coordinando la Ceremonia y controlando el tratamiento de la medicina.
También es importante comprender sobre los efectos que podría experimentar para ayudarlo y así abrirlo al tratamiento para que pueda beneficiarse de una manera relajada y natural.
Creo que es la mejor manera de aprovechar la oportunidad que tiene para beneficiarse con la medicina de las Plantas Sagradas y su tratamiento.

Estos son los efectos secundarios posibles cuando se toma Mescalina:

- Agitación: Estado emocional de nerviosismo o excitación nerviosa. Al tomar este medicamento, esto puede ocurrir de imprevisto.

- Alucinaciones: Puedes ver u oír cosas que no existen o que no tienen base en la realidad. Este es un efecto secundario esperado al tomar este medicina de Plantas Sagradas. A veces, si no comprendes lo que está viendo, esto puede ser aterrador o preocupante. Puede causar mucha confusión o angustia en algunos casos.

- Taquicardia: La taquicardia es una frecuencia cardíaca rápida de más de 100 latidos por minuto. Debes tener en cuenta que una frecuencia cardíaca rápida puede causar ansiedad, lo que puede acelerar aún más la frecuencia cardíaca.

- Si bien estos efectos más graves no son comunes, es importante que las personas sean conscientes de que tomar esta sustancia conlleva estos riesgos.

- Los efectos comunes menos conocidos son convulsiones, pérdida del conocimiento y vómitos.

Otros posibles síntomas que alguien podría experimentar al usar Mescalina incluyen:

- Cambios de humor

- Dificultad para dormir

- Piel enrojecida

- Dolores de cabeza

- Aumento de los niveles de energía

- Falta de apetito

- Náuseas o vómitos

- Una pobre coordinacion sensorial y motriz

NIVELES DE LA MENTE

Como parte del aprendizaje de cómo funciona la medicina sagrada de San Pedro y cómo podemos beneficiarnos al máximo de ella, creo que es importante comprender la Mente y la Conciencia.

Este tema puede ser un poco clínico y académico, pero será una gran información para considerar y lo ayudará a comprender lo que sucede durante una ceremonia y como la medicina trabajará con su mente.

Como profesional en el campo de la salud, mi mente racional trabaja desde un ángulo clínico cuando trabajo con terapias de sanación con energía o medicinas alternativas.

Como especialista en geriatría puedo entender muy bien el los comportamientos del ser humano y supe que en la ceremonia de San Pedro mi comportamiento y mi estado de conciencia se alteraron por parte del efecto de la medicina.

Antes de asistir a una ceremonia preparo mi mente, cuerpo y espíritu durante semanas. Diez días antes de la ceremonia es suficiente, pero en realidad me he estado preparando desde el momento en que decidí participar en una ceremonia. Esta es una decision peronal y yo elijo hacerlo con un compromiso. Puede considerar cada preparación como un ritual, por ejemplo como los hago yo. Empiezo a hacer estos rituales conscientemente mientras me honro a mí mismo y a la medicina.

Preparar una lista con objetivos e intenciones en los que le gustaría trabajar durante la ceremonia será de gran ayuda para el Chamán o Coordinador de la ceremonia. Mientras realiza este proyecto, podrá hacer un examen de conciencia y es posible que identifique algún trauma con que pueda haber estado lideando durante algún tiempo.

Como parte de este enfoque holístico es importante comprender estos pasos de manera consciente para que, cuando transite en el proceso de curación, tenga más posibilidades de comprender los mensajes que recibirá en la ceremonia.

La importancia de este proceso fue muy importante para mí. De esta manera, pude poner todo en perspectiva para que mi cerebro pueda procesar toda la información aquirida.

Esta información previa me ayudó cuando estaba bajo la influencia de la medicina. Me ayudó a trabajar en mi problema, que era parte de mi intención en participar y tomar la Medicina.

Para empezar a comprender lo que realmente pasaba por mi mente durante una ceremonia de San Pedro, tendríamos que hablar de "qué es la mente" y "qué es la conciencia".

Como parte de mi profesión en el campo de la salud, he estado trabajando, estudiando y aprendiendo a comprender el cerebro, la mente, los diagnósticos cognitivos cerebrales y las enfermedades relacionadas con el cerebro.

El Diccionario "American Heritage", del idioma Inglés, define a la "mente" de la siguiente manera: *"Los procesos colectivos conscientes e inconscientes en un órgano que puede percibir o sentir que dirigen e influyen en el comportamiento físico y mental de una persona"*
La definición atribuye la mente a los organismos que pueden percibir o sentir y la identifica con los procesos que controlan la conducta. Por otro lado, la palabra "conciencia" se refiere a la conciencia de los pensamientos, recuerdos, sentimientos, sensaciones y entorno.

No es mi intención crear un capítulo confuso y complicado sobre este tema, pero intentaré hacerlo lo más simple posible.
Digamos que tanto la mente como la conciencia son abstracciones. Lo que esto realmente significa es que no son concretos. Por otro lado, el cerebro está relacionado con ambos: con lo abstracto y lo concreto, pero en este caso, es concreto.

La mente es el proceso que razona, piensa, siente. También es la totalidad de procesos y actividades mentales conscientes e inconscientes. Tiene 3 niveles, el consciente, el subconsciente y el inconsciente. Para mí, esta información fue muy importante porque una vez que pude experimentar con ellos conscientemente, pude entender cómo funcionaba mi subconsciente con mi consciente como equipo, en la ceremonia.

La mente consciente es la mente pensante. No tiene memoria y sólo puede contener un pensamiento a la vez. Es consciente de la propia existencia, sensaciones y pensamientos. La mente subconsciente almacena y recupera datos, es un banco de datos para todo lo que no está en la mente consciente. La función de la mente subconsciente es almacenar y recuperar datos como creencias, experiencias previas, recuerdos, habilidades, etc. La mente consciente manda y la subconsciente obedece. La consciente trabaja día y noche para que el comportamiento funcione con sus emociones y pensamientos, así como con sus deseos.

La pérdida del conocimiento puede ser causada por casi cualquier enfermedad o lesión grave, abuso de sustancias (drogas o alcohol). Por ejemplo: si se atraganta con algo, puede perder el conocimiento. La mente inconsciente es un depósito de sentimientos y pensamientos que están fuera de nuestra conciencia.

Solo piense en ello como los datos en el subconsciente que sirven para crear la percepción de una experiencia bien sea positiva o negativa.

CEREMONIA Y REGLAS DE SAN PEDRO

Este hermoso proceso, La Ceremonia de San Pedro, utilizada durante milenios en diversas culturas, especialmente en los Andes, tiene sus reglas y rituales.

Los principios de San Pedro son apoyar a la humanidad y reconocer sus bajas emociones o vibraciones, y elevarlas de neutral a una frecuencia más alta.

A medida que la humanidad evoluciona, los profesionales, asi como otras, personas prestan mucha atención a sus beneficios.

Su popularidad está regresando junto con sus conocimientos y prácticas. No podemos olvidar que es uno de los elementales más antiguos de este planeta y es vital para el desarrollo de la humanidad.

San Pedro se está utilizando como medicina en muchas partes del mundo hoy en día junto con la Medicina Occidental más veces de las que puede uno imaginar.
Se están realizando estudios sobre la integración de la Medicina de San Pedro con la Medicina Occidental, así como la Sanación Chamánica con la Sanación Tradicional.
El enfoque principal de estos estudios es mostrar cómo trabajan juntos mientras sacan a la superficie miedos, fobias y otras patologías.
Esta integración de estas dos prácticas, junto con el efecto de la medicina de San Pedro, es permitir que la persona perciba la sutileza de los mensajes.

Los profesionales de la salud están más interesados en cómo la medicina de San Pedro es capaz de transmutar e integrar cualquier "situación estancada" como adicciones, miedos, apegos, etc. en la evolución de nuestro ser.

Además, muchos proveedores de atención médica ven cuánto ayuda directamente con la integración del corazón y la mente.

Las reglas de la ceremonia de San Pedro se pueden ajustar en función del linaje y las creencias del Coordinador o Chamán y cómo eligen canalizar la medicina para ayudarlo. Los siguientes son algunos pasos / reglas que se pueden usar en una ceremonia de San Pedro:

-La ceremonia debe ser o debe ser en un área abierta, idealmente alrededor de la naturaleza.

-El área y los participantes deben limpiarse.

-La medicina de San Pedro debe ser consumida por todos los participantes juntos como grupo. El chamán y los ayudantes no suelen beber, pero están a su servicio.

-Debe haber un espacio personal para su viaje. Es probable que experimente un estado de ensueño en las primeras horas. Después de eso, tendrá más energía y tendrá ganas de moverse.

-Respete la privacidad de los demás.

-Limite las distracciones al mínimo, ya que pueden interferir con el proceso de curación de otros. Si una persona necesita ayuda, el chamán o los ayudantes estarán allí para ayudarla. El chamán y los ayudantes lo controlarán de vez en cuando y harán todo lo posible para que se sienta cómodo.

-No participe en canciones ni verbalice las palabras. Esta actividad también puede molestar a otros mientras atraviesan su proceso de tratamiento y curación.
-No beba agua durante la ceremonia ya que diluirá el medicamento.

Algunas ceremonias tienen un MESA o un altar con varias herramientas y talismanes protectores. Siempre puede traer flores frescas para el MESA cuando corresponda, así como amuletos.
La integración será parte de la conclusión de una ceremonia. Aquí puede compartir su experiencia, o no. No hay presión para hacer esto.
Después de la clausura de la ceremonia, puede relajarse, hacer lo que le parezca correcto, tal vez llevar un diario o irse a la cama.

NO CONDUZCA después de participar en una ceremonia de San Pedro. Planifique con anticipación y pídale a alguien que lo lleve y lo recoja del lugar de la ceremonia.
Va a una ceremonia de San Pedro con la intención de estar en un ambiente sagrado y seguro. Tómese el tiempo para explorar y expresarse mientras trabaja y se comprende en un estado consciente. Apunte a sus miedos y resuélvalos.
También puede revelarse a sí mismo un posible trauma emocional que puede tener o haber tenido en el pasado.
 Sea capaz de dejarlo ir.
Descargue todo lo que no necesite cortando las cuerdas y los votos que ha hecho en esta vida o en una pasada, que ya no le sirven.

Podrá eliminar los bloqueos que le impiden alcanzar sus metas, su felicidad y su propósito de vida. Este proceso de la ceremonia le permitirá alejarse del desorden y abrazar su sombra mientras le permite ser su verdadero y auténtico ser.

Al creer en la medicina de San Pedro, continúa aprendiendo y permite que su corazón lo guíe mientras se entrega a su yo superior. Se dará cuenta de lo importante que es alinearse con tus pensamientos e intenciones. No hay separación de la Fuente, solo aquello que creamos.

Como parte de la Fuente Divina, encontrará la sensación de cuánto se parece realmente a la Fuente hogareña. Sentirá puro amor, humildad y compasión. Este estado de abundancia le permitirá soñar y manifestar lo que es para Ud como parte de su aprendizaje y crecimiento en su viaje.

Es por eso que la preparación, la información y el conocimiento es tan importante antes de asistir a una ceremonia para que pueda fluir conscientemente, en total armonía, creando posibilidades y nuevas oportunidades en su vida.

CEREMONIAS, CONCIENTIZACION Y ENSEÑANZAS DE SAN PEDRO

La hermosa medicina del Espíritu Vegetal de San Pedro nos da la oportunidad de experimentar las cosas de una manera tan profunda e inusual.

Siempre estamos en el lado racional de las cosas y estamos muy estructurados, pero tenemos que intentar relajarnos y estar en contacto con el otro lado también. Parte de la preparación para la Medicina San Pedro es practicar ambos lados para ayudarnos a comprender qué ocurrirá durante la ceremonia con los efectos de la medicina.

San Pedro lo hará por nosotros. Sí, la medicina nos llevará a estar en contacto con ambos lados mientras trabajamos con todos nuestros sentidos. Le hace cambiar el enfoque de su conciencia únicamente en su otro lado, durante algún tiempo.

El espíritu de la medicina tiene la capacidad de llevarnos a áreas que no miramos o elegimos ignorar, como traumas y emociones profundas que reprimimos en nuestro lado racional. El medicamento lo llevará a resolver o trabajar en algunos de estos problemas para su bienestar general.

Además de mostrarnos algunos momentos dolorosos e incómodos que hemos estado reprimiendo durante un tiempo, traerá mensajes y soluciones para ayudarnos a resolver estos problemas y cuestiones.

Por eso es importante tomar estos medicamentos sin expectativas y entregarse al proceso de curación.

Por eso amo la medicina y el proceso de preparación.

De esta forma estaremos preparados para afrontar y permitir lo que la medicina nos depare como tratamiento. Cuando estamos preparados y tenemos nuestra intención consciente para la ceremonia, podemos trabajar en equipo con la medicina.

La medicina nos conducirá a un estado de felicidad y dicha porque abrirá el camino para la curación. El medicamento le mostrará un vistazo de cómo realizar cambios. Será solo una pequeña puerta que se abrirá para que la vea y comience su trabajo, evolución y crecimiento. Este vistazo le mostrará el otro lado y le proporcionará posibles soluciones y comprensión.

Depende de nosotros traer la información y las enseñanzas a nuestro viaje. También depende de nosotros "asimilar" lo que San Pedro tiene para nosotros y ponerlo en práctica.

Sea responsable. Tome la información de San Pedro y haga el TRABAJO.

Tiene que trabajar los mensajes y los aprendizajes y pasar por el proceso de integración y asimilación para que entienda por completo lo que ha vivido en una ceremonia.

La Medicina nunca resolverá completamente un problema por sí sola sin su participación y trabajo personal. Entonces, ¡TRABAJE Y HÁGALO!

San Pedro traerá consciencia y enseñanzas a través de la naturaleza. Esta información es rica e invaluable ya que nos vamos a relacionar con la naturaleza durante la ceremonia. Nos muestra que no estamos separados unos de otros. San Pedro nos muestra ambos lados de nosotros y de la naturaleza.

Experimentará cómo una flor no es solo una flor, la hierba no es sólo hierba y un árbol no es sólo un árbol. La medicina nos muestra que, en cambio, hay una inteligencia trabajando detrás de escena, detrás de una flor, un árbol, etc.

Nos muestra cómo podemos relacionarnos y hablar con ellos y escuchar sus mensajes. Estos momentos poderosos son diferentes y cada individuo los interpreta de muchas maneras. De una forma muy natural, experimentarás cuántas cosas tenemos en común con la naturaleza.

La belleza de trabajar con la Medicina de Plantas Sagradas es el poder que tiene para mostrarnos lo increíble que puede ser nuestro otro lado. Seremos capaces de entender más claramente cómo la Madre Naturaleza siempre está a nuestro alrededor y conectada a nosotros.
Todo está siempre interconectado en cada momento. San Pedro nos hace darnos cuenta de que mirar un campo, un río o un árbol es mucho más de lo que perciben nuestros ojos.

Cuando sea capaz de ver el otro lado de la naturaleza, podrá relajarse y disfrutar de la belleza y sus enseñanzas desde un estado muy orgánico. Personalmente, puedo decir que nada está separado. Después de mi primera experiencia con San Pedro Medicine, cambié toda mi percepción del mundo, mi vida, rutinas y mucho más.

Después de tomar el medicamento por primera vez, me pareció interesante cómo pude volver a mi cosmovisión racional. Nada dentro de mí había cambiado, pero mis puntos de vista y percepción sí.
Ahora puedo ver una flor y sentirla, sentirla e incluso escucharla mientras estoy al otro lado de la naturaleza.

CAPITULO 5
AYAHUASCA

HISTORIA Y RELIGIÓN

Ayahuasca ha existido durante muchos años.
Esta Medicina Sagrada ha sido utilizada por los indígenas en el Amazona que se remonta al menos, 2000 a. C. Sin embargo, el origen de la Ayahuasca no es plenamente conocido.

Compartiré información con ustedes que encontré durante mi investigación.
Hay evidencia basada en hallazgos arqueológicos en el área sudoeste de Bolivia de la presencia de la Ayahuasca.

Hay documentación que confirma que los misioneros cristianos de España encontraron a los indígenas que utilizaban Ayahuasca, en lo que es hoy Perú y Ecuador. Esta documentación data del siglo XVI.

El interés en Ayahuasca es bastante nuevo en la medicina occidental.
La investigación de los científicos occidentales sobre Ayahuasca sólo ha sido documentada en los últimos 150 años.

Es interesante mencionar que un explorador de plantas británico descubrió a los indios Tukano usando una liana conocida como Caapi para inducir un estado de intoxicación.
Estos indios se encontraban en la Amazona brasileña en 1851. (Richard Spruce)

Más información histórica importante sobre Ayahuasca fue encontrada en 1858.

El geógrafo ecuatoriano Villavicencio que estaba explorando la selva en Ecuador, escribió comentarios muy descriptivos y específicos sobre la planta medicinal. Describió exactamente de dónde venía la planta y cómo la cocción de la misma era utilizada por los indígenas.

Procedió a explicar cómo se utilizaba la medicina para prever los planes de batalla futuros de los enemigos, diagnosticar enfermedades, determinar qué hechizos se utilizaron, y cuáles utilizar, para dar la bienvenida a los viajeros extranjeros y asegurar el amor de sus mujeres. (Shultes,1961)

Villavicencio tomó la bebida él mismo y más tarde describió la experiencia de 'volar a lugares maravillosos'.

Aunque la Ayahuasca es en realidad una sustancia prohibida en Brasil, y en la mayoría de los demás países.

Sin embargo, a las iglesias dedicadas al uso tradicional de esta sustancia a veces se les han concedido excepciones, como un guinés a las significativas afiliaciones religiosas asociadas con la Ayahuasca.

AYAHUASCA & LEY DE EE.UU.

En los últimos 30 años, el interés por la Ayahuasca en los Estados Unidos ha crecido de ser una simple curiosidad a formar parte de la conciencia dominante. Hoy en día, se pueden encontrar ceremonias de Ayahuasca en publicidad en el internet, a pesar de que todavía es ilegal en los Estados Unidos.

A diferencia de otras drogas ilegales, no se ve como adictiva. La Ayahuasca no tiene el mismo estigma negativo que el LSD o los hongos alucinógenos, porque es un ritual tradicional de medicina chamánica. Hay distinciones importantes que hacer entre Ayahausca y otras sustancias que contienen los mismos componentes alucinógenos.

La Ayahuasca es una combinación de dos plantas sagradas: la Ayahuasca Vine (Banisteriopsis caapi) y un arbusto conocido como Chacruna (Psychotria Viridis).

Ayahuasca está técnicamente catalogada como una sustancia controlada porque contiene Dimetiltriptamina (DMT).
La Agencia Antidrogas (DEA en USA) considera que la Ayahuasca está controlada por igual. Por lo tanto es ilegal en los Estados Unidos. Aunque la ayahuasca contiene DMT, difiere debido a su uso sagrado en la medicina chamánica.

En todo Estados Unidos se pueden encontrar fácilmente ceremonias de Ayahuasca. Algunas de estas ceremonias serán pequeños círculos ceremoniales "underground" (clandestinos) generalmente dirigidos por chamanes indígenas y/o curanderos entrenados.

El número de seguidores varía y una tarifa por la participación es cobrada.

Las ceremonias de Ayahuasca en los Estados Unidos varían de permitido a lo prohibido, entonces, ¿Es legal o no?
Trataré de ser breve y simplemente dar la información básica para que puedan entender su legalidad y cuándo se permite su uso.

Sólo dos religiones principales brasileñas están autorizadas legalmente para utilizar Ayahuasca. Estas organizaciones son: UDV (Uniao do Vegetal) y Santo Daime.
Las religiones brasileñas UDV (Uniao do Vegetal), puede usar Ayahuasca en todo Estados Unidos y Santo Daime solo se puede utilizarla en Oregón, California, Massachusetts, y en el estado de Washington.

En 2006, la Corte Suprema de los Estados Unidos otorgó a la UDV el permiso para utilizar el medicamento basado fundamentalmente sobre la libertad religiosa.

La Corte Suprema falló a favor del grupo en un 8-0 decisión, argumentando que sería una violación de sus derechos religiosos. Gracias a este resultado, algunos grupos religiosos pueden usar la Ayahuasca legalmente en sus ceremonias.

Sin embargo, la UDV tiene que importar y distribuir Ayahuasca bajo las regulaciones de la DEA.

Cualquier persona que desee cultivar plantas para la producción de Ayahuasca debe registrarse ante la DEA como fabricante de sustancias controladas.

Ayahuasca Healings y Soul Quest han presentado peticiones de exenciones religiosas a la DEA, pero no han recibido la aprobación a partir de este escrito.

Es importante estar informado y tener en cuenta la ley y cuidado mientras disfrutas y participas de la ceremonia de Ayahuasca.

¿Qué es DMT?

Vamos a tratar de entender lo que contiene la Ayahuasca y lo que es DMT, a menudo se conoce como la 'molécula de espíritu'.

DMT (N, N-Dimetiltriptamina), es una sustancia química que se produce en muchas plantas y animales, así como en la Ayahuasca. Puede producir los siguientes efectos:

- Alucinaciones auditivas
- Euforia
- Visuales potentes
- Alteración en el sentido del tiempo, el espacio y el cuerpo

Es cierto que las personas pueden estar familiarizadas con la Ayahuasca en estos días, pero no necesariamente conscientes con DMT. Es una sustancia psicodélica muy fuerte y se puede producir sintéticamente también.

Si un individuo toma DMT por vía oral, no se activa como un alucinógeno sin la inclusión de otra sustancia. Ahí es donde el té de Ayahuasca entra en escena para hacerlo efectivo.

Es importante saber que DMT se puede combinar con varias otras sustancias para mejorar los efectos psicodélicos.

Además de usar DMT en té de Ayahuasca, también se puede esnifar o fumar.
Se puede inyectar pero sin la presencia de ciertos alcaloides, no tendría ningún efecto.

Es importante tener en cuenta que cuando usted toma DMT como un té de Ayahuasca, puede tener diferentes efectos en su comportamiento.

Uno de los efectos puede ser aceleramiento rápido del corazón, como he mencionado antes. Este efecto es una de las principales razones por las que algunos usuarios han muerto bebiendo este té.

Otros efectos secundarios incluyen agitación, aumento de la presión arterial, dilatación de pupilas, dolor en el pecho, movimiento ocular rápido y mareos.

Los efectos son diferentes dependiendo de si DMT se fuma o bebe en el té de Ayahausca.
La diferencia es la longitud del efecto del DMT.

También es muy importante saber que tomar DMT en dosis altas puede conducir a efectos secundarios muy graves como convulsiones y paro respiratorio.
No es mi intención de ninguna manera asustar al que vaya a asistir a una ceremonia de Medicina de La Plantas Sagradas. Es mi intención, sin embargo, asegurarme de que esté bien informado sobre los beneficios, ingredientes y sus efectos. Sólo tiene que saber la información y ser responsable.

DIVERSOS NOMBRES DE AYAHUASCA

Hay varios nombres nativos que se utilizan para la Ayahuasca, la mayoría de los cuales son derivados de la palabra, "Ayahuasca", o se refieren a las plantas que se utilizan para hacer Ayahuasca, o las tribus que utilizan esta droga en ceremonias religiosas.

- Ayaguasca

- Quechua Ayawaska

- Lowaska

- Chacruna

- Dmt

- Yage

- Mado

- República Popular Caapi

- Punga Huasca

- Daime

- Vegetal

- Hoasca

- Shillinto

AYAHUASCA Y EL CEREBRO

La ayahuasca sigue siendo una medicina psicológica poco ortodoxa en general, pero esta medicina Sagrada está ganando cada vez más popularidad y reconocimiento en todo elmundo, y poco a poco está haciendo su camino en la industria de la salud convencional.

No hace mucho tiempo, si quería experimentar con Ayahuasca tenías que viajar a América del Sur o Central.

Hoy en día es más fácil encontrar ceremonias en los Estados Unidos y Europa.
Como he mencionado en muchos capítulos de este libro, los pueblos indígenas de países como Colombia, Brasil y Perú han estado usando la medicina vegetal durante miles de años, principalmente con fines religiosos o espirituales.
En estos días, el té de Ayahuasca está teniendo un poco de impulso. Nos está llegando con más frecuencia a través de proveedores experimentados como los chamanes.

La evidencia científica sobre los efectos y beneficios de la cerveza Ayahuasca es limitada, pero se sabe que activa los recuerdos reprimidos de manera tal que permite a las personas llegar a una nueva comprensión de su pasado.
En algunos casos, el medicamento puede ayudar a las personas a trabajar a través de recuerdos y eventos traumáticos.

Hoy los neurocientíficos están empezando a estudiar la Ayahuasca como posible tratamiento para la depresión y el TEPT (Trastorno de Estrés Postraumático).

En un estudio, 64% de los participantes de Ayahuasca informaron significativamente reducción en los síntomas de la depresión una semana después de una sola dosis.

Recuerde, hay riesgos físicos y psicológicos para tomarlo también. Puede interferir con la medicación y exacerbar las condiciones psiquiátricas existentes; bueno, vamos a ponernos un poco clínicos, pero no demasiado, y a tratar de entender lo que le sucede al cerebro cuando tomamos Ayahuasca.

Como ya sabemos, la planta contiene Psicotria Viridis y N, N-dimetiltriptamina (DMT). La DMT es una sustancia que produce alucinaciones y la aparente expansión de la conciencia. Esto es naturalmente en la planta.
DMT, N,N-dimetiltriptamina es un potente químico alucinógeno que se considera una sustancia controlada en los Estados Unidos. Pero sepamos que en nuestro cerebro también tenemos DMT naturalmente.
Sin embargo, la planta en sí tiene baja biodisponibilidad, lo que significa que es un fármaco absorbido lentamente por su cuerpo físico, por lo que DMT se descompone rápidamente por enzimas oxidasas monoamino (MAOs) en el hígado y el tracto gastrointestinal.
Por esta razón, DMT debe combinarse con otra sustancia que contenga MAO, inhibidores de la oxidasas monoamino (IMAO), que permita que el DMT surta efecto.
De esta manera, la combinación de estos dos permitirá que el cuerpo absorba el medicamento más rápido.
Esta es la razón por la que la cerveza Ayahausca contiene Banisteriopsis Caapi, que contiene potentes oxidasas monoamino (MAOs) que permite que DMT surta efecto.

Creo que   también es importante mencionar que Caapi   tiene un efecto psicoactivo propio   con mensajeros, o neurotransmisores que ayudan a regular muchas funciones corporales.
La serotonina y la dopamina tienen funciones en el sueño y la memoria, así como el metabolismo y el bienestar emocional.

Los IMAO inhiben la degradación de neurotransmisores como la serotonina y la dopamina. Recordemos que la dopamina y la serotonina son mensajeros químicos o neurotransmisores que ayudan a regular muchas funciones corporales.

En 2017, un estudio de Morales-Garcia sugirió que las propiedades MAOI de Banisteriopsis Caapi estimulan la neurogénesis en adultos.

La neurogénesis es el proceso por el cual se forman nuevas neuronas en el cerebro en el hipocampo adulto. El hipocampo es una pequeña formación curva en el cerebro que participa en la creación de nuevos recuerdos y también se asocia con el aprendizaje y las emociones.

Algunos estudios químicos se llevaron a cabo en pacientes con depresión resistente al tratamiento y alrededor de una sola dosis de Ayahuasca condujo a efectos antidepresivos acelerados y duraderos.- (Sanches, 2016)

Hay muchas propiedades en el Ayahuasca, pero las propiedades antidepresivas de la Medicina de Plantas Sagradas parece ser la única investigación que la medicina occidental está tomando más interés.

Hay pruebas sólidas de que la sustancia beneficia a los pacientes con una variedad de enfermedades mentales. Se están llevando a cabo más investigaciones. Hay más de 100 artículos en revistas de salud mental que exploran los beneficios de la Ayahuasca para trastornos alimentarios, abuso de sustancias, TEPT y depresión.

Además, Ayahuasca también se ha encontrado para estimular la neurogénesis, el proceso por el cual se forman nuevas neuronas en el cerebro y mejorar el pensamiento creativo mientras disminuye el pensamiento convencional convergente.

Si queremos resumir los efectos de la Ayahuasca en el cerebro, según la investigación actual, podemos decir que puede proteger las células cerebrales y estimular el crecimiento celular natural.

En base a lo que soy capaz de presentarles, también podemos decir que otros beneficios pueden incluir la capacidad de aumentar el estado de ánimo y mejorar la atención plena.

Para confirmar ciertos beneficios como tratamientos para la depresión y trastornos de la adicción, se necesita más investigación, pero muchos estudios se están llevando a cabo incluso mientras hablamos.

EFECTOS SECUNDARIOS DE AYAHUASCA

Ayahuasca es una fantástica Medicina de Plantas Sagradas cuando es utilizada por profesionales o chamanes bien informados.
El medicamento, tomado por vía oral, tiene muchos efectos en el cuerpo humano.

Es por eso que es tan importante, no sólo prepararse para la ceremonia, sino hacerlo con alguien que tiene experiencia y conocimiento, con el fin de que usted tenga un resultado positivo.

Hay algunos efectos secundarios graves que una persona puede experimentar temporalmente después de tomar la cerveza:

- Ansiedad

- Diarrea

- Náuseas

- Pánico

- Paranoia

- Vómitos

- Alucinaciones

- Temblores

- Pupilas dilatadas

- Aumento de la presión arterial

Estos efectos secundarios son comunes y algunos de ellos podrían interpretarse como parte de su proceso de curación, como purga y síntomas de náuseas. Estos efectos secundarios desagradables son sólo temporales, pero pueden ser extremadamente angustiantes.

Es muy raro tener efectos secundarios potencialmente mortales, pero la muerte se ha relacionado con el uso de Ayahuasca.
Si fue tomada mientras estaba bajo el cuidado de un chamán experimentado o no, no se saben.

Algunas personas han tenido experiencias miserables con Ayahuasca.

Simplemente no hay garantía de qué tipo de experiencia puede tener.

Personalmente, estoy diciendo que la medicina le llevará al lugar en el que necesita trabajar.

Esto es importante para que lo recuerde. Tener una intención clara y estar preparado para la ceremonia le ayudará a trabajar con el medicamento en caso de que tenga un efecto secundario desagradable. Usted estará listo para pasar por él sabiendo cómo beneficiarse de ella. Lo sabrá porque subconscientemente, recordará en qué está trabajando.

La Ayahuasca también puede interactuar con varios medicamentos, hierbas y condiciones médicas.

NO debe usar Ayahuasca si está tomando lo siguiente:

- Antidepresivos, incluyendo serotonina y antidepresivos tricíclicos
- Medicamentos para la tos, como dextrometorfano
- Litio u otras drogas psiquiátricas
- Medicamentos utilizados para la enfermedad de Parkinson
- Metadona
- Verruga de San Juan
- Píldoras para bajar de peso

Aparte de estas limitaciones y peligros, los beneficios de participar en una ceremonia de Ayahuasca pueden ser de gran ayuda.

Recuerde que está poniendo su vida en manos del chamán. Usted debe confiar en el chamán e investigar su conocimiento y experiencia en el trabajo con la medicina.

Están a cargo de los ingredientes del medicamento y de la edad adecuada. Parte de su trabajo es monitorearlo en busca de efectos secundarios potencialmente mortales, mientras lo guían en su viaje de ceremonia. Investigar los antecedentes del Chamán o Coordinador.

Si usted está bajo un tratamiento para un trastorno psicológico, como depresión o TEPT, sólo debe tomar Ayahuasca mientras está siendo monitoreado por un profesional médico.

A pesar de que muchas personas sienten que recibieron un tratamiento exitoso de la medicina, se necesita más investigación para establecer si la Ayahuasca puede ser utilizada para condiciones médicas por los médicos en el futuro.

Aquellos con antecedentes de trastornos psiquiátricos deben evitar tomar Ayahuasca. Por ejemplo:

- <u>Esquizofrenia</u> – Ayahuasca podría empeorar los síntomas psiquiátricos y causar Manías.
- <u>Trastorno bipolar</u>-Ayahuasca podría aumentar el riesgo de tener un episodio maníaco.

Cuidado: Embarazo y lactancia materna-
La Ayahuasca cuando se toma por vía oral PUDIERA SER RIESGOSA. Existe la preocupación de que la Ayahuasca podría ser tóxica para el feto si se utiliza durante el embarazo. Evite consumirla.

CEREMONIA Y EXPERIENCIA

Es interesante ver cuántas personas asisten a una ceremonia de espíritu vegetal sin la información adecuada o sabiendo de qué se trata la ceremonia. Muchas veces comparto con la gente que estoy asistiendo a una ceremonia y asumen que es una boda, cuando digo que es una ceremonia de Ayahuasca, dicen -"Oh sí"!- , pero no tienen ni idea de que se trata.

Por lo general, las ceremonias de Ayahuasca se llevan a cabo por la noche, pero algunas se están haciendo durante el día. Es importante para mí hacerlo por la noche ya que la conexión de la planta lo llevará a sus raíces y sus antepasados mientras abre su corazón para trabajar en problemas personales y traumas. No se debe permitir ninguna interacción entre los participantes.

El espacio donde se lleva a cabo la ceremonia será preparado y bendecido por el chamán o coordinador que está dirigiendo la ceremonia.

Usted debe llevar artículos específicos a la ceremonia para que se sienta cómodo y listo para disfrutar del viaje con la Medicina "Plant Spirit" (Medicina Sagrada).

Habrá un corto e intensivo período de 5 a 6 horas que se gastará en una conexión profunda con una inteligencia más alta y una comprensión de su verdadero yo. Esto es sólo el principio.

El medicamento es muy potente y lo llevará a trabajar en el área en la que necesita concentrarse. Podría ser física, emocional o espiritual, conectarse con sus antepasados, guías y Fuente.

Tenga en cuenta que una ceremonia típica de Ayahuasca es en una noche completa, y el efecto del medicamento puede durar hasta cinco horas más o menos.

Después de consumir el medicamento, la mayoría de las personas comienzan a sentir sus efectos dentro de los 20 a 60 minutos.

Trato de ser muy cuidadoso con la forma en que describo mi experiencia personal con la medicina porque no quiero que me tomen literalmente, ni quiero engañar a nadie sobre los efectos o posibles resultados, ya que todo el mundo es un ser hermoso, individual, y todos vamos a experimentar cosas diferentes.

Puedo decir que Ayahuasca puede ser como muchos años de terapia combinada en una sola descarga, o cinco años de terapia en una noche. La idea de aceptar y entender problemas, traumas, es lo que hace que este medicamento sea tan exitoso para las personas con depresión, por ejemplo.

Sólo piense en esto: Si somos capaces de entender algo, no necesitamos crear pensamientos estresantes. Cuando no entendemos una situación, una pérdida, un divorcio, o tenemos preguntas y obsesiones involucradas en nuestros comportamientos, estamos creando situaciones estresantes, ansiedad, angustia y frustración.

Así que, cuando experimenté San Pedro y Ayahuasca, pude aceptar más una situación o sentimiento específico, y pude pasar a la satisfacción y el equilibrio.

Abrí mi corazón, lleno de amor y comprensión, de una manera que nunca había hecho antes. Creo que lo que acabo de mencionar parece ser, más o menos, una experiencia que muchas personas pasan durante una ceremonia de Ayahuasca.

Otra experiencia posible que puede tener es poder percibirlo todo a través de sus cinco sentidos básicos: ver, oír, probar, oler y tocar.

Todo será asimilado por su mente y será creado deliberadamente por el efecto de la medicina en lugar de surgir natural o espontáneamente. Los órganos asociados con cada sentido enviarán información al cerebro para ayudarnos a entender y percibir el mundo que nos rodea. ¡Imagínese lo poderoso que será ese momento!

En mi caso, en una ceremonia, después de tomar el medicamento, comencé a ser súper sensible a los sonidos y la visión. En un momento me sentí tan gracioso que me reía tanto que lloraba.

La preparación física y dietética es una necesidad para mí y creo que todo el mundo debe hacerlo. Hacer esto e ir a la ceremonia lo más puro y limpio posible le ayudará a aprovechar al máximo el medicamento.

La planta ayudará a su cuerpo en la descarga de toxinas y otros productos químicos como azúcar, sal, alcohol, cafeína.

Lo bueno de esto es que, mientras se prepara para la ceremonia, estará limpiando y descargando toxinas e impurezas que ha acumulado a lo largo de los años. Es por eso que la PREPARACION ES TAN IMPORTANTE y usted debe comprometerse con el "Plant Spirit Medicine" (medicina espirituosa) desde el momento en que decida ser parte de la ceremonia.

No se sorprenda si purga o vomita durante este tiempo, ya sea durante la preparación o en la ceremonia en sí. Purgar o vomitar puede ser parte de su viaje, y puede ser muy bueno si necesita hacerlo.

Asegúrese de llevar un contenedor para este propósito a la ceremonia.

No se preocupe si necesita purgar. Es normal y a veces, se espera.

Es una gran manera de librarse de lo que no se necesita en su cuerpo y en su viaje.

Después de la purga, usted puede sentirse tan tranquilo y tener una nueva perspectiva de lo que aparentemente era una realidad aburrida.

Es posible que el medicamento le permita desaparecer y fusionarse con el infinito 'otro'.

La Ayahuasca siempre se menciona en femenino porque los usuarios han dicho que la voz de la inteligencia superior que escuchan durante la ceremonia es femenina.

La Ayahuasca también es conocida como la abuela de la medicina. Muchas culturas indígenas consideraban que Pachamama o la Madre Tierra trabajaba a través y con el Plant Spirit Medicine para ayudar a la curación.

En mi investigación, también he encontrado que Ayahuasca fue o es llamada la Madre o Reina de las plantas medicinales por algunos chamanes.

Como mencioné antes, esta ceremonia se realiza tradicionalmente por la noche, preferiblemente en un ambiente negro de tono. Algunas teorías dicen que la ceremonia debe hacerse por la noche para reflejar la oscuridad de las raíces que van más profundamente en la tierra; y más profundo, más oscuro.

Estas raíces simbolizan a nuestros antepasados y a las tribus indígenas que quieren emular el sentimiento de estar en un vientre oscuro.

El útero fue el primer lugar donde nos cuidaron sin pedir nada y donde nos nutrieron. Es el inocente estado puro de los niños y nuestra primera conexión con nuestra madre antes de entrar en este mundo.

La voz que percibe y es escuchada por muchas personas que han participado en la ceremonia de Ayahuasca le habla directamente y le dice en qué necesita trabajar en su vida.

Recuerde, usted puede recibir mensajes de muchas otras formas, así que no se siente a esperar que la voz le llame.

Uno de los momentos poderosos para mí es cuando el chamán canta canciones curativas específicas en su idioma tradicional.

Los mensajes de las canciones son tan fuertes y pueden traerle la curación rápida y dulce. Prestar atención a las canciones es lo que me permitió simplificar mi punto de vista sobre algunos de los problemas que estaba tratando de resolver.

No se sorprenda si es capaz de entender otros idiomas a través de una canción. Es parte de la medicina para recordar vidas y recuerdos anteriores. Es posible que haya hablado uno de los idiomas en una vida anterior.

 El chamán o coordinador será el que iniciará su viaje por usted y le guiará bajo el efecto de la medicina.
Es importante entender que usted puede encontrar algunos rituales y o limpiezas con tabaco o por otros medios. (Me estoy emocionando al escribir al respecto).

Se puede ver lo poderosas que son las lecciones de Ayahuasca, ya que todavía están presentes en mi mente. Mientras tengo estos pensamientos y sentimientos, estoy reconectando con el espíritu de la planta, incluso mientras escribo esto.

El chamán puede acercarse a usted y soplar un poco de tabaco a su chakra de la corona, corazón, espalda y otros lugares, así que simplemente fluya y disfrute de la ceremonia.

Recuerde que no hay una sola manera de llevar a cabo una ceremonia. Cada chamán o coordinador seguirá sus tradiciones y linaje.

Le sugiero que le pregunte antes de la ceremonia sobre lo que puede esperar. Por eso es importante que sepa quién liderará la ceremonia.

La importancia de la preparación se vuelve cada vez más una preocupación, ya que tendrá una intensa de 4 a 5 horas de imágenes fuertes y experiencias alucinógenas auditivas debido al medicamento y su ingrediente principal, DMT.

La planta de Ayahuasca se considera una planta visionaria y por su espíritu y visión, usted puede ser sanado. Si no se da cuenta de la curación, al menos serás capaz de tener una comprensión más clara de lo que es una vida mejor, a través de alcanzar varios niveles de conciencia.

Tenga en cuenta que es posible que no sea capaz de entender todo el proceso de curación en pocos días. Los cambios que este medicamento provoca en usted pueden ser muy intensos y difíciles de comprender.

Tómese su tiempo, tome pequeños pasos a medida que procesa, integra y asimila los resultados.

Capítulo 6
PREPARACION PSICOLOGICA Y MENTAL

ESTABLECER METAS

Establecer metas es importante, ¡pero lo más importante es cómo lo hacemos!

Siempre estaba estableciendo metas desde una edad temprana. Eso podría ser bueno y malo al mismo tiempo. Me doy cuenta de que siempre he sido una persona racional muy orientada a objetivos.

Está bien ser ambicioso, pero asegúrese de que sus objetivos sean realistas y fundamentados, mientras revisa su ego y su codicia.
Me han llamado soñador y muchos otros nombres, como expliqué en otros capítulos sobre no ser entendido.
Sin embargo, he aprendido muchas cosas e hice cambios durante mis más de 50 años de vida en este planeta.

Mis metas me ayudaron a alcanzar, manifestar y ganar muchas cosas, muchas de las cuales no eran materiales ni superficiales.

La verdad es que tener metas es saber lo que uno quiere y desea. Una cosa que debe tener en cuenta es que cuando se establecen metas no se debe ser muy rígido sino más flexible con uno mismo. Necesita estar conectado con la realidad, el hoy, la tierra cuando establezca sus metas y/u objetivos, así estará seguro que lo hizo conscientemente.

Cuando comience a contemplar nuevas metas, debe tomarse unos minutos para considerar realmente cada pregunta y responderse con sinceridad, si cada idea que pasa por su mente está relacionada con la meta que desea lograr.

En el pasado he tenido muchas otras cosas pasando por mi mente al mismo tiempo, y desde entonces he aprendido la importancia del enfoque y la claridad de objetivos para llegar a lo que quiero lograr.

Cuando quiero calmar mi mente, trato de meditar durante unos minutos poniéndome en contacto con mi yo interior. De esta manera, soy capaz de encontrar respuestas honestas a todas las preguntas que pasan por mi mente. Este proceso de calmar mi mente y ser brutalmente honesto conmigo mismo, es el paso más importante que tomo para comenzar este viaje. Ser honesto, y como dije brutalmente honesto, es una forma de ser directo y al punto con uno mismo, sin dejar que tu ego o pensamientos interfieran con tu verdadera misión.

La importancia de hacer este paso es que usted está asumiendo la responsabilidad de sus deseos y acciones. Si es capaz de hacerlo, sabrá en ese momento si su meta está alineada con su verdadero deseo e intención.

Este proceso de calmar la mente le ayudará a ver si los cambios o la adición de cosas, sistemas o comportamientos nuevos que desea implementar en su rutina serán exitosos o no, o tal vez posibles.
No puede comenzar un nuevo proyecto, un proceso de curación o incluso un tratamiento si no es 100% claro sobre su deseo y compromiso. Asumir la responsabilidad necesaria es lo que le ayudará con este proceso para poder sostenerlo, mantener y apoyarlo cuando se desanime o se sienta agobiado.

Muchas personas creen en la Ley de La Atracción. Yo también lo hago, pero esta información que estoy compartiendo y expresando aquí es una combinación de muchas leyes, prácticas y técnicas que he aprendido a lo largo de mi formación como profesional de la salud, educador y un sanador de curaciones con energías y a través del sonido. Todo está interrelacionado y funciona con la misma intención de ayudar a las personas a sentirse bien y obtener sus respuestas o resultados de una manera holística y orgánica. Descubrirá su propio sistema que funcionará para Ud.
 No hay un sistema o técnica específica para ser utilizado por todos por igual, pero la intención de un objetivo o meta y como se configure o implemente, sí.

Mi objetivo es mostrar a las personas que no hay una sola manera específica de lograr o manifestar una meta. Dado que es muy difícil cambiar los comportamientos y/o nuevos cambios en el estilo de vida. Creo que siempre debemos tratar de ser creativos con un enfoque holístico mientras podemos crear un proceso factible.
El objetivo principal es importante, pero es más importante mantener aquellos objetivos que están relacionados o apoyan el objetivo principal.

Una vez que tenga un deseo claro y se comprometa a querer cambiar una situación actual, entonces puede asumir la responsabilidad en la implementación y ser capaz de seguir adelante.

Sólo recuerde que cada pensamiento tiene poderes energéticos y vibración. El universo tiene energías observantes e inteligentes, y le darán resultados a sus deseos si los hace conscientemente.

Una meta comienza con un pensamiento. Por lo tanto, asegúrese de que sus pensamientos se hagan conscientemente, y los resultados vendrán a usted!

DETERMINACIÓN

Este viaje me ha llevado a muchas áreas de iluminación, un despertar de ideas y espiritualidad, mientras me conectaba y me redescubría en tantos niveles. El viaje va mucho más allá de lo que esperaba compartir con ustedes. Si puede relacionarse con uno de los siguientes sinónimos de determinación, estará listo para comenzar su viaje. La determinación es obligatoria para lograr y manifestar sus deseos.

Determinación:
resolución, perseverancia, persistencia, firmeza, columna vertebral, mentalidad, tenacidad, valor, decisión, propósito, terquedad, audacia, obstinación, convicción, impulso, energía, intención, valentía, dedicación, fortaleza, indefución, pertina, constancia, agallas, inflexibilidad, nervio, obstinación, desplumado, spunk, granito, astucia, implacable, fuerza de carácter, certeza, dogmatismo, intrepidez, poder de permanencia , certeza de seguridad, temeridad, dureza, sentido de propósito, bulldog, espíritu, confianza en sí mismo, fuerza de voluntad, firmeza de propósito, adherencia, labio superior rígido, robustez...

Estoy seguro de que encontró un par de palabras que resonaron con usted, ¿correcto?
Bien, porque eso es lo que va a necesitar para continuar su viaje a la Medicina de Plantas Sagradas.

Una de las cosas que aprendí mientras me preparaba para la ceremonia de medicina de Plantas Sagradas, fue que tenía que construir tanto mi fortaleza espiritual como la física. Tiene que ejercer ambos, ya que esto facilitará la conexión de su espíritu con la Fuente Divina, el Universo.
El mayor resultado de estos ejercicios es cómo lo llevará a una vida de propósito y realización. Esto apoyará el pensamiento positivo y proporcionará energía positiva siendo la felicidad como resultado.

Abrazarse, permitirse y honrarse a sí mismo, a sus antepasados y a sus relaciones también es parte de la preparación. Puede ser complejo entender cuando empiece a mezclar y hablar de todos ellos al mismo tiempo.
Recuerde que es parte de una Fuente Divina y es un hermoso ser humano. Necesita verte a sí mismo de una manera holística mientras se honra al máximo.

Tómese tiempo para pensar más allá de usted mismo y comience a trabajar en sus relaciones con los demás. ¿Hay algún área o situación que le gustaría mejorar?

¡Ahora es el momento!

Los sentimientos que tiene en sus relaciones y el impacto producido sobre su estado emocional y energético, también resonarán con sus propias frecuencias vibratorias.

Estas frecuencias serán representadas en sus pensamientos.

Los pensamientos tienen un impacto significativo en su vida.

Asegúrese de no aferrarse a los pensamientos negativos y recuerdos que no le están permitiendo avanzar.

Déjelos ir, suéltelos y concéntrese en el hoy.

Venimos a este viaje de vida para ser felices y disfrutarla.

Permitir pensamientos negativos solo lo alejará de ese lugar de felicidad que desea. Su fortaleza espiritual será lo que le ayude a volver a un estado mental saludable y pacífico. Por lo tanto, tómese el tiempo para estar con su familia y amigos, y dar a esas relaciones la atención y el amor que se merecen.

Abra su corazón a las Plantas de Medicina Sagrada y a sus seres queridos, mientras permite que la preparación y el medicamento de la planta trabajen con usted para construir buenas relaciones humanas y pensamientos positivos.

Diga a sus seres queridos cuánto los aprecia al comenzar su viaje de sanación.

Como parte de su determinación al prepararse para la ceremonia, usted encontrará que es importante estar en contacto con la naturaleza. Respete a la Madre Tierra y honre a sus elementos y energías vivas que nos ofrece.

Agradezca a la Tierra por todo lo que da y reconozca lo poco que hace por ella. Mejorar su conexión con la Madre Tierra y la naturaleza le ayudará con su energía positiva, fluyendo a través de su cuerpo y conectándolo a la Fuente Divina, el Universo.

Trate de interactuar con la naturaleza y comience a incluir actividades que lo vinculen con ella.

De un paseo por la playa, camine alrededor de la manzana, mire a la luna, mire al sol y disfrute del sol en su cara.

Sería un buen comienzo apreciar la experiencia de estar en contacto con la naturaleza a través de sus sentidos, lo cual es simple y beneficioso.

Hay tanta información y estimulación que recibimos desde distintas direcciones que en algunos casos pueden promover pensamientos negativos y crear desequilibrio en nuestra vida. Trate de gestionar o reducir la participación en estas actividades y concéntrese en su camino, propósito.

La gente que me conoce personalmente, conoce mi definición de felicidad. Para mí, la felicidad es ser capaz de mantener el equilibrio y la paz en mi vida. Ser capaz de tener esos dos elementos en orden en mi vida y la oportunidad de experimentarlos, me da fuerza para reconectarme con el Universo y redirigirme con pensamientos positivos y, a su vez, a una energía positiva.

¿Tenemos el control de nuestra felicidad?

Creo que sí, y somos responsables de cómo apoyamos nuestra propia felicidad, no sólo para una ceremonia, sino para nuestra rutina diaria.

¡Estar decidido a sentirse bien y a estar rodeado de energía positiva es una opción!

Comience por elegir ser feliz y sentirse bien.

Ser capaz de llegar a ser conscientemente más humilde y agradecido mientras se abre a la energía positiva. Recibirla, así como dársela a los demás. Dársela a las personas que comparten su espacio y su vida.

Piense dos veces cuando sienta la necesidad de juzgar a los demás y trate de no ceder a los chismes. Estas cosas sólo desperdician su energía y solo crean emociones negativas. Sólo lo van a distraer de tus objetivos y metas.

En una ceremonia de Medicina de Plantas Sagradas, aprendí algo que llevo conmigo todos los días. "No se concentre en el dolor, la tristeza o el miedo, ya que no sirve a nadie". Ese fue un gran momento de aprendizaje y lo adopté como parte de mi rutina para mantener mi felicidad.

¡Concéntrese en lo que le hace feliz! Sea amable con el otro y trate de ver lo bueno en todas las personas con las que interactúa, incluso si están siendo negativas e interfieren con su equilibrio y paz personal.
Siempre pienso   -Quién sabe por lo que estarán pasando en sus vidas que los hace tan negativos?-. Si mantiene su estado positivo de energía, ésto no solo será bueno para usted, sino que también les ayudará mucho a ellos.

Hubo momentos en mi vida en los que pensé que no estaba conectado con el Universo, Dios, la Fuente Divina, porque no asistía a la Iglesia regularmente, como era de esperar por la doctrina católica. He aprendido a través de mi evolución y crecimiento que soy una persona fuerte y segura de sí misma, y mi relación vibratoria con Dios, el Universo, siempre ha sido muy sólida.

Siempre supe que no estaba solo. Sabía que una Fuente Divina, me guiaba en mis momentos más oscuros, incluso cuando mi luz estaba tan atenuada, me di cuenta de que yo era el que tenía que soplar esas cenizas y traer de vuelta a esa llama viva, mi fuego.

Una vez que uno se da cuenta que no está solo y que el Universo, Dios o la Fuente Divina son su apoyo, puede confrontar cualquier desafío que pueda encontrar en su camino.

Vaya más allá de su fe y dé la bienvenida a sus maestros y guías, abrazando a un nuevo comienzo con Plantas Medicinales Sagradas.

A veces, no nos damos cuenta de lo mucho que podemos hacer con buenas intenciones, amor y humildad. Vamos a poder ver los resultados y la manifestación, logros, más adelante, sorprendentemente.

Todos somos parte de un ser supremo Fuente Divina y todos estamos conectados de alguna manera. Sólo recuerde quién es y qué quiere ser. El poder está en sus manos. Una vez más, recuerde que cada persona que encuentre es traída a usted por una razón específica.

DETERMINACIÓN CLARA

Como todos los demás, estoy evolucionando y aprendiendo incluso mientras escribo este capítulo del libro. Este es un capítulo inesperado, pero necesito usar mi don como educador.

No estaba planeando hablar de este tema, pero como dije antes, mis Guías y Ángeles me están guiando para decirles que estén abiertos a los mensajes y que escuchen a sus guías.

Al escribir este viaje y comenzar a compartirlo con usted, tengo muchos sentimientos que reaparecen como recuerdos y no como problemas.

Todavía los siento, y algunos de ellos continúan moviéndose y confirmando que he aprendido mi lección en mi última ceremonia y el tratamiento seleccionado por San Pedro fue apropiado.

Recuerden, la Medicina de Plantas Sagradas, abrirá la puerta a la curación, pero usted debe entrar por esa puerta.

Voy a ser breve, pero también creo que debo aclarar algunas terminologías.

La determinación se define como una intención firme o una decisión que se ha alcanzado. Un ejemplo de determinación es seguir solicitando empleos después de ser rechazado por docenas de empleadores potenciales.

En mi caso, estaba decidido a encontrar un tratamiento libre de medicamentos tradicionales para mi problema de reflujo ácido. Mi determinación me llevó a investigar, crear una dieta y cambiar hábitos que me ayudaron a encontrar el tratamiento correcto y lograr mi objetivo.

El significado de la determinación es el acto de llegar a una decisión o de fijar o resolver un propósito. Podemos definir la autodeterminación como una decisión personal de hacer algo o pensar de cierta manera.

Un ejemplo de autodeterminación es tomar la decisión de ir a una ceremonia de San Pedro o Ayahuasca sin pedir la opinión de nadie.

Es importante tener en cuenta que demostrar determinación puede ser la clave del éxito. A veces necesitamos maneras de motivarnos y/o enfocarnos en la búsqueda de un tratamiento.

Aclare su enfoque. Tómese el tiempo para determinar lo que está tratando de lograr de una manera muy precisa.

La gente determinada sabe dónde están tratando de llegar en detalle. Fue al grano. Las personas determinadas suelen tener un único objetivo en el que se están enfocando.

Comparta su enfoque. La determinación es la esencia de aumentar sus posibilidades de tener éxito en una cosa en particular o lograr un objetivo en particular, así como de ayudarse a mantenerse motivado y seguir esforzándose hacia lo único que quiere lograr.
Sólo un comentario importante sobre la determinación:

La determinación es otro rasgo importante del liderazgo. Es el deseo de hacer el trabajo bien e incluye características como la iniciativa, la persistencia, el dominio y la conducción.

Es una emoción positiva relacionada con el enfoque positivo, mientras que la ira es una emoción relacionada con el enfoque negativo.

DESEOS Y NECESIDADES

Cuando llegue al punto de pensar en cuáles son sus deseos y necesidades, muchas cosas pasarán por su mente. Será un momento de interrogarse, cuestionarse a sí mismo.
Cuando comience el interrogatorio o el proceso de descubrimiento, pregúntese si está hablando de su ego o de sus verdaderos deseos y necesidades.

No voy a hablar demasiado sobre el ego en este momento, si es bueno o no. Sólo voy a decir que todos tenemos un ego y tendremos que trabajar con él le guste o no.

Pero, en el caso de los deseos y necesidades, esta discusión estará relacionada con la intención con respecto a la ceremonia de Medicina de Plantas Sagradas. ¿Estamos siendo realistas y qué deseamos realmente?

Cuando comencé a considerar en asistir a una ceremonia de Medicina de Plantas Sagradas, sabía que quería una cosa principalmente, pero quería muchas otras cosas, como guía y respuestas.
Creo que está perfectamente bien querer muchas cosas, pero es importante tomarse el tiempo para enfocarnos en lo que realmente deseamos lograr.

Cada uno de nosotros determinará qué estamos buscando y lo que creemos que realmente necesitamos. Piense en lo que quiere y si realmente lo necesita.

Muchas veces queremos cosas sin necesitarlas. No me corresponde decidir lo que realmente usted necesita; se basa en lo que usted crea necesario. Diré que, como parte de su búsqueda e intención interior, será importante establecer una clara diferencia entre lo que quiere y lo que necesita.

Algo para reflexionar. A continuación, le proporciono algunos sinónimos de "querer": deseo, demanda, anhelo, antojo. Algunos sinónimos de "necesidad" son: requerir, esencial y requisito.

Algunos ejemplos claros de "deseos" son cosas como ropa de diseñador, restaurantes de lujo y autos deportivos. Sin duda, se trata de artículos de lujo y no de primera necesidad.

Se dice que cada persona tiene deseos ilimitados, pero con un presupuesto limitado.

Con este punto de vista, los deseos y necesidades pueden entenderse como ejemplos del concepto general de demanda. Por eso me referí al "ego" al principio de este capítulo.

Seamos muy claros sobre las 'necesidades' y lo que 'queremos'.

Querer algo es deseo de bienes y servicios que nos gustaría tener pero que no necesitamos.
Muchos deseos parecen necesidades pero en realidad no lo son.

Los deseos suelen tener un anhelo de posesión , un capricho.

Las necesidades se refieren a cosas que debemos tener para sobrevivir, como la comida, el agua y el refugio.

 Son esenciales en lugar de sólo deseables. Además de alimentos, ropa y refugio, hay otras necesidades básicas como compañerismo, justicia, asociación libre, libertad, amigos, familia, trabajo, religión y gobierno estable.

Con suerte, ahora tiene una mejor comprensión de los deseos y necesidades.
Sólo quiero asegurarme de que está siendo sincero con usted mismo, y que lo que está implementando en su vida realmente lo está ayudando, y no sólo haciendo un trabajo inútil creando solo confusión.

Por lo tanto, cuando escriba sus intenciones, sea honesto consigo mismo y pregunte si es realmente una necesidad o un deseo.

EXPECTATIVA vs INTENCIÓN

Este es un tema del que no iba a hablar. Sin embargo, después de tener algunas conversaciones con algunas personas, decidí incluirlo en este capítulo.

Cuando compartí mi idea con respecto a la relevancia de tener una intención clara y definida, cuando participamos en una ceremonia de Plantas Medicinales Sagradas, con varias personas, incluídos los chamanes y los curanderos, la primera reacción fue decirme qué sienten que cuando las personas participan en sus ceremonias, les gusta que vengan sin expectativas.

Después de escucharlos, me di cuenta de que todavía tengo mi propia opinión sobre este tema de manera muy simple.
La verdad del asunto es que hay una gran diferencia entre tener expectativas y tener una intención clara y consciente para una ceremonia.

No es mi objetivo argumentar el punto de vista de nadie o decir quién tiene razón y quién está equivocado. Sólo quiero aclarar lo importante que es tener una buena intención consciente en comparación con tener una expectativa de un resultado.

En ninguna parte de este libro se dice que debemos esperar algo específico de la Medicina de Plantas Sagradas, ni dice que la medicina funcionará de tal manera o exactamente por igual.

Esta es sólo una de las razones por las que no podemos ir a una ceremonia con expectativas, ya que la medicina será lo que lo guiará adonde el espíritu de la planta siente que usted necesita ir, trabajar y por ende curar.

Sin embargo, creo firmemente que para que podamos aprovechar o beneficiarnos de una ceremonia de Plantas Sagradas Medicinales, especialmente si queremos trabajar en un tema o trauma específico que ya hemos identificado previamente, deberíamos tener una intención clara para participar.

Esta intención debe ser alcanzada conscientemente durante el proceso de preparación. La intención se trasladará a través de todos los pasos de la preparación y eso es sólo el principio.

Entenderán por qué estoy diciendo esto mientras participan en la ceremonia. El tratamiento de la Plantas Sagradas Medicinales le mostrará y lo llevará a otras áreas que no estaba considerando como parte de su problema para ayudarlo como parte de su tratamiento.

El espíritu de la medicina lo guiará a través de estos problemas mientras los cura, apoyando, su intención inicial, ya sea directa o indirectamente.

Aquí vamos con las definiciones…

Intención: La intención es su objetivo, su propósito u objetivo. Es algo que quiere hacer, lo haga o no. Algunos sinónimos comunes son: diseño, fin, objetivo, propósito. Sólo recuerde que las intenciones de una persona son importantes, pero si no se hace nada, entonces la intención realmente no importa.

En este caso, importará porque la intención es la idea de que su plan se llevará a cabo a través de su participación en la ceremonia.

Asistir a una ceremonia dispuestos a vivir la experiencia; sin expectativas, mientras se rinde ante el proceso y permite que el medicamento de la Plantas Sagrada lo guíe y le proporcione tratamientos curativos.

Expectativa: La expectativa, por otro lado, es el acto o el estado de espera de algo que crees que sucederá; esperar en la expectativa. Es realmente el acto de mirar hacia adelante o anticipar un resultado.

Por ejemplo: Si va a una ceremonia con una expectativa, es porque está ESPERANDO que algo suceda, así que, si va a participar en una ceremonia porque está tratando de sanar una dolencia específica, y piensa que al final de la ceremonia, será sanado, eso es una EXPECTATIVA.

Es una expectativa porque usted está esperando ese resultado y ese resultado específico.

También podemos decir que las expectativas provienen de un estado EGO que está unido o identificado por el resultado.

¡Piense en eso! Además, aquí es donde nos desilusionamos porque puede que no se reúna o esté a la medida del resultado que esperaba, pensaba o soñó.

¿Las expectativas son malas para nosotros? El efecto negativo de las expectativas es que uno le da su confianza a alguien o algo. Es como poner toda su fe en algo que no es real. Tenga en cuenta que si una expectativa falla, ya sea que se ponga en otras personas, un evento, o incluso usted mismo, va a doler. Se decepcionará, tendrá sentimientos de enojo y se sentirá frustrado.

Hoy, durante la pandemia que el mundo está viviendo, muchas personas habían proyectado expectativas de viaje y de su vida personal. En muchos casos, estas expectativas siguen sin ser satisfechas.

Las expectativas sobre el futuro pueden crear depresión, ansiedad y sentimientos de ineptitud, impaciencia y desesperanza.

Sólo piénselo. Si no tuviera expectativas, todo se volvería más simple. Se tomaría las cosas a medida que le vendrían, y se ocuparía de ellas en ese preciso momento, sin mal gastar sus energías.

Sin expectativa es mucho más fácil simplemente aceptar lo que es!

DESEO, INTENCIÓN Y DECISIÓN

Usamos palabras durante muchos momentos de nuestro camino de vida sin darles su poder e importancia.

Lo más interesante es que olvidamos la poderosa vibración que posee cada palabra que utilizamos.

Dependiendo de cómo las pronunciemos y de qué poder y convicción les demos cuando las hablamos, su vibración nos afectará.

Echemos un vistazo a las palabras; deseo, intención y decisión y tratar de entender cómo estas palabras resuenan con nosotros y su verdadero significado.

Me voy a concentrar en las palabras que usamos o en los sentimientos que experimentamos porque todas ellas estarán involucradas en un pensamiento que es poderoso y que necesita ser controlado. Entendamos el deseo, la intención y la decisión y cómo difieren entre sí.

La definición de deseo es un fuerte sentimiento de querer tener algo o desear que algo suceda. El deseo vendrá de dentro de nosotros como simplemente, lo que realmente deseamos.

Sólo recuerda por qué empezaste a pensar en hacer una ceremonia de San Pedro o de Ayahuasca.

Tal vez, fue porque querías encontrar una cura para algo o encontrar el equilibrio o incluso la guía de Dios o Fuente Divina. Es algo incierto y un deseo, sin saber si lograrás ese deseo.

Una intención, por otro lado, implica realmente reconocer el deseo dejándolo libre y en el momento presente. De esta manera, la intención tomará el camino o la acción apropiada que esté alineada con su deseo.

En este caso, cuando decide asistir a una ceremonia de Medicina de Plantas Sagradas, crea una intención, una intención consciente con el objetivo final de lograr la manifestación o concretarlo.

Este proceso tiene una búsqueda interior más profunda que lo llevará a creer que es posible, pero la verdad es que, en este momento, sólo está deseando algo que aún no se ha manifestado o materializado.

Si entiende el origen de donde viene el sentimiento, lo ayudará a entender que el deseo proviene de un lugar de 'Sí, sí, sería bueno tener eso'.

En este caso, es más como un deseo donde no hay garantía de que obtendrá lo que desea. Por ejemplo, es como cuando está haciendo una dieta y está anhelando algo. La mayoría de sus deseos provienen de la falta de miedo. Sólo piénselo. Cuando está comiendo ese pedazo de pastel que desea, y no es parte de su dieta, el miedo no está presente en ese momento y simplemente lo hace. Su deseo es más fuerte que su miedo.

Por otro lado, la intención es más fuerte que el deseo. Si pone su mente en algo y lo hace conscientemente, como prepararse para la ceremonia de Medicina de San Pedro o Ayahuasca e investigar y adquirir información al respecto, es aquí donde lo está haciendo.

Cuando selecciona esta posición con respecto a su decisión, es más probable que consiga algo si tiene la intención de hacerlo, en lugar de, simplemente tener el deseo de hacerlo. Nota: Recuerde que todavía puede ser influenciado por el deseo o su ego.

Ahora, decisión... ¿cuán poderosa es la decisión y cuándo debemos considerar la decisión?

La decisión es más poderosa que la intención o el deseo. Cuando tomamos esta posición en la toma de una decisión, no hay ninguna incertidumbre. Cuando tomemos una decisión simple y llana, ¡se hace! Al igual que después de su búsqueda, sus lecturas y hallazgos, usted decide asistir a una ceremonia de Medicina de Plantas Sagradas, ¡sólo tiene que ir por ello!

La decisión es un proceso individual; viene de un lugar interior muy profundo de nuestro ser; y será una realidad en la que usted realmente cree. Su decisión es su propia realidad individual la cual, para otros, puede ser distinta.

CAPÍTULO 7
LA INTENCIÓN

Intención, Intención, Intención. ¡Con estas tres palabras viene Manifestación, Materialización, Objetivo Logrado!, pero, ¿realmente tenemos alguna idea de lo importante que es crear una intención adecuada?

Todos queremos resultados y manifestaciones mientras alcanzamos nuestras metas y objetivos. Queremos la cristalización de nuestras ideas que creamos o pensamos que estamos creando. A veces, simplemente no nos damos cuenta de lo simple que puede ser esto, si nos alineamos con nuestra intención y deseos orgánicos. Orgánicamente, lo que significa naturalmente y algo que simplemente fluye, discurre.

La sociedad crea mitos sobre lo que realmente es la felicidad. Nos hace creer que si logramos y acumulamos cosas materiales, estamos teniendo éxito en nuestro camino de vida. "Cuanto más mejor" es la idea del éxito y de la felicidad para la sociedad. Se necesita mucho más que cosas materiales para que una persona tenga éxito y sea feliz.

Entonces, ¿qué es el éxito? No estoy tratando de crear un debate o ser un coach motivacional. Sin embargo creo que es importante que todos entiendan y puedan definir que es el éxito y la felicidad.

Quisiera dar mi opinión con respecto a la definición de éxito. Como persona racional y orientado a objetivos a lograr, he aprendido que adquirir dinero no significa que tengas éxito, ni es una garantía de felicidad.

El éxito para mí, es cuando disfrutas de cada paso dado hacia una meta específica.

Muchos individuos se concentran en objetivos fijos y su resultado final. Estas personas no disfrutan del proceso, y finalmente se dan cuenta de que alcanzar esa meta en particular no les dio placer o satisfacción. Incluso si el objetivo es ganar dinero o adquirir algo tangible, el proceso tomado para alcanzar esa meta debe ser disfrutado y debe contribuir al proceso de aprendizaje y evolución, inclusive si hay problemas en el proceso de lograr su objetivo final. La idea es sentirse bien incluso si hay altibajos.

La alegría y la pasión de tratar de superar los problemas es parte de la experiencia de aprender a medida que nos acercamos a ese objetivo final.

Parte de mi aprendizaje en las ceremonias de Medicina de Plantas Sagradas fue recordar cosas que di por sentado o que no había tomado en cuenta.

A pesar de que tenía una clara intención de sanar mi corazón y mi dolor, la medicina tenía algunas otras áreas en las que quería que trabajara como parte de mi curación y tratamiento. Necesitaba mostrarme mucho más de lo que estaba buscando con mi intención para la Ceremonia que iba a participar.

El poder de la medicina te llevará a lugares de los que debes tomar conciencia para seguir evolucionando y aprendiendo acerca de tí mismo, tus dones y quién eres realmente.

La Medicina de Plantas Sagradas me recordó que después de 50 años en este camino de vida, ya he logrado muchas metas y evolucionado en muchas áreas. Me hizo dar cuenta de muchas cosas. De alguna manera, ahora estoy recordando por qué y cómo fui capaz de lograr lo que ya he logrado.
Estoy recibiendo detalles de mensajes sobre los pasos importantes que tomé para la materialización de esas ideas, deseos y metas de una manera muy natural y orgánica.

Si creemos en el poder del Universo y en el poder de la Fuente Divina, podemos estar de acuerdo en que esas dos cosas tienen mucho poder sobre nosotros como individuos. Los poderes superiores poseen inteligencia energética y pueden darnos lo que queremos como resultado. Al entender estas propiedades de los poderes superiores, será más fácil para nosotros reconocerlas cuando las recibamos.

El paso más importante para lograr los resultados que desea implicará la forma en que lo está haciendo. Debe hacerlo en con claridad y consciencia. Si no lo hace conscientemente, no podrá enviar sus mensajes de energías al Universo y fallará en su propósito.
Los resultados nunca se materializarán porque no se conectarán con las energías de inteligencia del Universo. Si el Universo puede observar tus energías, eso demuestra que las energías tienen inteligencia, ¿no? Si no establecemos nuestra intención de manera consciente, no podrás enviar esos verdaderos mensajes a Dios, Fuente Divina y al Universo.

SINCRONIZA TUS PENSAMIENTOS CON TUS SENTIMIENTOS.
NO LO PIENSES... ¡SIÉNTELO!

Como creador y asesor de muchas empresas, he oído a la gente decir: "¿Por qué cada vez que quiero iniciar mi propio negocio, pasa algo?" o "¿Por qué no puedo manifestar una idea y ponerla a trabajar?" o "¿Por qué no puedo seguir una dieta?" o "¿Por qué no puedo olvidarme de una situación que todavía me está causando dolor?"

Me gusta mucho ver a las personas manifestar, lograr sus deseos, y he ayudado a muchas personas y corporaciones a alcanzar sus metas materializándolas. A lo largo de mi carrera profesional, me doy cuenta de que el secreto para manifestar un deseo, ya sea en los negocios o simplemente en la vida cotidiana, tiene que ver con una intención clara y definida. No puedes alcanzar el nivel de manifestación hasta que entiendas lo que realmente quieres, conscientemente.
Tener una idea o un pensamiento no significa que tiene una intención clara o saber cómo resolver una situación o un problema. Una idea comienza con un deseo y ese deseo debe tener una intención muy clara. Necesita entender y recordarse a usted mismo que es parte de una Fuente Divina, las energías y el Universo. Siempre nos están enseñando. Como parte de esta asociación, también tiene una conexión con su vibración que emanará de sus deseos a través de la energía.

La preparación para una ceremonia de Medicina de Plantas Sagradas y la medicina misma cuando la tomé, me recordaron el poder de nuestros pensamientos.
 Desde el momento en que decidí por qué quería participar en una ceremonia, o por qué creía que esta medicina era lo que necesitaba para corregir o sanar mi problema, tuve que comenzar a controlar mis pensamientos y mis emociones.
Tenía que ser consciente de cuál era mi claro objetivo e intención.

Ser capaz de controlar esos pensamientos me permitió ser claro en mi intención de por que tomar este tipo de medicina alternativa. Sabía que quería sanar mi corazón, pero también sabía que tenía que cambiar patrones y alinear mis emociones con mi subconsciente y consciente. ¡Ese pensamiento solo, ya era mucho!

Mientras ordenaba los pensamientos y entendía sus poderes en la ceremonia, me di cuenta de que necesitaba dejar el drama a un lado. Pude hacerlo porque tenía una intención clara y consciente por escrito antes de asistir a la ceremonia, y me permitió entender lo que los guías me decían bajo la influencia de la medicina.
El drama que estaba creando en mi mente no me permitía dejar de lado mi dolor e iniciar el proceso de curación. Si no hubiera tenido la intención consciente y escrita, no habría sido capaz de asimilar o entender lo que mis Guías espirituales y Ángeles me estaban diciendo tan fácilmente como lo hice.
Creo que fue porque ya conocía mi intención conscientemente, y bajo la medicina, no tenía resistencia de mi ego o de mis miedos. Pude ver lo que se me presentó y su correlación con mi problema. Todo funciona y trabaja como un equipo y en conjunto con la intención de forma muy holística.

Durante los últimos seis meses, las palabras conscientemente y la consciencia han estado en mi mente y en mis escritos, discursos y en todo lo que hice y actualmente hago.
Entiendo ahora totalmente el mensaje después de que hice la ceremonia de San Pedro. Me permitió ver lo importante que era para mí aceptarme a mí mismo y estar abierto a recibir conscientemente lo que el Universo tenía como parte de mi camino de vida.

Especialmente me permitió estar en contacto con mi lado femenino y ser más abierto y poder recibir. Necesitaba aprender conscientemente a no ser siempre el que está dando a los demás. Era hora de equilibrarme y abrirme a recibir también. Mientras escribo este capítulo, también me doy cuenta de que, al abrir mi canal receptor , me he estado abriendo a recibir más mensajes y apoyo de la medicina sanadora.

Sé que digo esto mucho, pero si no ponemos una intención o actuamos conscientemente sobre las cosas que deseamos, no veremos resultados. Esta es la razón por la que muchas personas no son capaces de alcanzar un nivel de manifestación. Por lo tanto, si quiere recibir algo y desea manifestar los resultados de sus deseos conscientemente, las vibraciones y energías llegarán al Universo y volverán a usted para concluir el proceso de manifestación y la solución.

El arte de la manifestación viene con el arte de permitir, también. Permitiré mi deseo con mi intención libremente mientras permito todo lo que viene con él. Ser capaz de recibir y acoger lo que viene como parte de su camino de vida es la clave para evolucionar y ampliar el proceso de aprendizaje.

Cuando hablamos de permitir o el arte de permitir, tenemos que ser capaces de fluir y recibir todas las enseñanzas que vendrán a usted durante el proceso. Esto significa que usted debe permitir tanto lo bueno como lo malo, como parte de la lección de aprendizaje, ya que le ayuda a crecer y evolucionar.

Muchas veces una idea es sólo una idea. Creemos que tenemos una gran idea de negocio, pero realmente no está bien pensada, y comenzamos a cometer errores mientras permitimos que nuestro ego tome el control sin ser tomado seriamente y poniéndolo en su lugar y establecer una intención clara.

Cuando tenga una idea de lo que quiere, debería tomarse el tiempo para preguntarse realmente: "¿Cuánto creo en esta idea?" "¿Realmente quiero que se manifieste?" "¿Quiero comprometerme a invertir tiempo y energía en la idea?" "¿Estoy realmente listo, conscientemente?"

Estas preguntas podrían considerarse como 'interferencia de ego', pero, creo que es necesario por la sencilla razón de que tiene que asegurarse de que es lo que quiere y también que no está dudando de usted mismo.
La razón de estas preguntas es evitar cualquier tipo de decepción en el futuro. Una pregunta más: '¿Es realista su deseo?'

Mientras escribía recibí un mensaje de mis Guías Espirituales para los lectores, y aunque no iba a hablar de esto, mis Guías y Ángeles me dijeron lo siguiente...

 Lo escribiré exactamente de la manera en que vino a mí ya que quiero que sientan un mensaje en crudo sin editar.

"Ser capaz de observar...genera inmortalidad en una situación... el pensamiento mantiene su poder...y se activará en el ADN de tu ser....en el nivel cuántico de las cosas... el Universo, la Fuente Divina, los poderes superiores con sus campos de energía de inteligencia y su sensibilidad de ser observados...te permitirá saber cómo observar...... si no sabes observar, no podrás obtener una respuesta... si observas conscientemente... generará una onda inteligente a las cosas y las cosas responderán... si no sabes observar, estarás usando una herramienta sin saber cómo usarla y no habrá ningún resultado".

También necesita saber que las fuerzas inteligentes responderán a los nombres. La conciencia debe estar presente para manifestarse.
Llame a las cosas por sus nombres, conscientemente y con determinación, sabiendo exactamente lo que quiere y lo que desea. Sea específico y no desperdicie su energía.

Tener esta información es lo que realmente me hizo entender la importancia de prepararme para una ceremonia o evento. En este punto, ahora puede ver cómo el prepararse para la ceremonia de Medicina de Plantas Sagradas es un viaje de aprendizaje, no sólo para su alma y proceso de curación, sino también para su vida diaria con un enfoque orgánico y holístico.

Creo que mi propósito e intención con este libro no es sólo poder compartir mensajes y experiencias, sino poder dar pautas y guiar a los demás con la información que funcionó para mí. Estoy transformando mi vida con esta información y sé que usted va a hacer lo mismo.

De alguna manera ambos buscamos la felicidad, el equilibrio y la curación. Creemos en la instrucción y el aprendizaje a medida que estamos evolucionando, como usted en este momento, que estás leyendo esta última línea conscientemente.

ESCRIBIR SU INTENCIÓN

Me gustaría comenzar diciendo que no soy un experto en nada, y no es mi intención convertirme en uno.
 Seguiré permitiendo que la información que fluye a través de mí continúe sin resistencia.
Realmente no había planeado escribir este capítulo, pero siento que mis guías quieren que lo haga.

Es muy especial poder compartir con ustedes mis sentimientos actuales, emociones y vibraciones mientras se logra este libro. Es puro placer.
Haré todo lo posible para describirle cómo se siente recibir un mensaje y cómo darle la bienvenida y rendirse a lo que estás recibiendo.

Todo comienza con una intención, y este libro no es una excepción. Mi intención se centra en cómo transmitir mi viaje y mis experiencias a través de mis escritos, pensamientos, mensajes e información que recibo y sigo recibiendo.

Sé que no es una tarea fácil transcribir sentimientos, pensamientos y mensajes de una manera tangible como este libro. He tenido la bendición de tener una editora, Cindy VanDusen en mi camino. Ella no es sólo mi editora, sino mi amiga, y seguramente una madre o persona relevante en mis vidas pasadas. Ella es capaz de entenderme, mi tren de pensamiento y mis mensajes, así como mi acento al hablar inglés durante los últimos 15 años o más.

Ella trabaja para mí en muchos de mis negocios, y fue capaz de experimentar personalmente algunas de mis predicciones, manifestaciones y mensajes recibidos a lo largo de nuestro tiempo juntos.

Ella me acompañó y me apoyó cuando volví a mi primer amor la música, el canto. Cuando me oyó cantar por primera vez yo estaba parcialmente retirado de las presentaciones y conciertos.

Compartimos una vibración muy similar cuando estamos juntos, y podemos sintonizar el uno con el otro en cuestión de segundos.

De alguna manera, ella entiende mis pensamientos, que corren tan rápido a través de mi cerebro, e incluso cuando los verbalizo con mi acento.

Siento COMPASIÓN por ella, ya que puede ser un trabajo muy raro, complicado y no convencional, pero de alguna manera, ella lo hace, y estoy súper agradecido y honrado.

Antes de trabajar en este viaje con este libro, con Cindy tuvimos muchas conversaciones durante horas, varios días y semanas. Coincidimos en que nuestra intención para la edición de este libro era ser lo más orgánico y holístico posible. Desde el momento en que le presenté este proyecto y la invité a caminar este viaje conmigo, pudimos revivir muchas experiencias maravillosas.

A lo largo del proyecto, ella me llamaba por teléfono y me decía cómo se daba cuenta de como yo había estado practicando esta filosofía desde que me conoció por primera vez, sin tener idea de que lo estaba haciendo. Otras veces me llamaba y me decía que los mensajes fluían y resonaban en ella mientras los leía durante el proceso de edición.

Como puede ver, nuestra intención no era generar dinero o fama. Nuestra intención ni siquiera era producir un libro (ya tuvimos esa experiencia e incluso ganamos un premio). Eso fue hace diez años. Nuestra intención aquí era entregar mensajes y compartir experiencias con el fin de prepararlos para una ceremonia de Medicina de Plantas Sagradas.

Ahora mis guías me dicen que lo ayude a escribir su intención. Por favor no sienta que estoy subestimando su conocimiento y su experiencia, pero me están repitiendo y diciendo que lo haga, y seguiré fluyendo con mi viaje.

Recordemos que cada uno de los lectores, incluyéndome a mí mismo, está evolucionando en diferentes momentos. Lo que es redundante para usted puede ser beneficioso para los demás. Practicaremos el amor incondicional y la paciencia, y todos aprenderemos de él también. ¿Le parece?

Como parte de este capítulo le daré ejemplos basados en mis conocimientos y experiencias. Basaré esto en una pregunta que normalmente hago a mis participantes en uno de mis seminarios semanales. "¿Qué es la felicidad para usted?"

Desde el momento en que me di cuenta de que necesitaba cambiar cosas, como el comportamiento y mi acercamiento a nuevos eventos, comencé a preguntarme: "¿Qué me hace feliz?". "¿Qué es la felicidad para Humberto?" Esta pregunta se hizo relevante cuando estaba en un lugar oscuro sin luz que seguir. Al darme cuenta de que mi luz aún no estaba completamente apagada, supe que necesitaba asumir la responsabilidad y el control de mi situación. Entendí que tenía que ser yo quien hiciera que esa luz se hiciera más brillante.

El primer paso que doy cuando empiezo con un nuevo grupo o una charla, es determinar lo que es la felicidad para cada uno de los participantes, porque cada uno de nosotros tiene una definición diferente sobre la felicidad. La realidad es que al final del día, todos estamos tratando de encontrar la paz y el equilibrio. Siempre estamos buscando eso, 'sentir una buena sensación' porque no llegamos a esta vida que estamos recorriendo para sufrir.
Viajamos por este camino para aprender, evolucionar y ser felices.

Es interesante ver cómo las personas basan su felicidad en eventos, otras personas y cosas materiales. Casi el 90% de las veces, la gente basa su felicidad en los acontecimientos.

Por ejemplo, la gente dice:
La felicidad es cuando estoy disfrutando una salida con mis hijos.
La felicidad es cuando estoy rodeado de mi familia.
La felicidad es cuando estoy cantando.
La felicidad es cuando estoy durmiendo o meditando.
La felicidad es cuando estoy en una relación.

Estoy seguro de que puede relacionarse con muchas de estas frases, pero vamos a ir un poco más allá. Si prestamos atención estamos hablando solamente de eventos. Es importante determinar qué tipo de sentimiento generan estos eventos en usted. ¿Qué tipo de emociones experimenta? Además, ¿cómo siente esas emociones? ¿Está conscientemente sintiendo esas emociones? ¿Es capaz de volver a crearlos o recrearlos cuando los quiera o los necesite? ¿Puede volver a crear esos sentimientos por su cuenta? ¿Puede hacerse feliz? Si necesita hacerlo hoy, en este momento, ¿puedes volver a crear esa sensación? ¿Tiene el control de su felicidad?

Todas estas preguntas son parte de su propio descubrimiento, por lo que cuando necesita escribir una intención, necesita ser muy honesto y conocerse muy bien. La intención debe ser verdadera y orgánica y en este caso, cuando escribe tu intención, debe vibrar ante ella.

Un día, le conté a mi maestra acerca de mis sentimientos con respecto a las intenciones.

Cuando vamos a diferentes tipos de círculos espirituales, tenemos que expresar nuestras intenciones y a menudo siento que los miembros del grupo no tienen una intención definida.
Sus intenciones son demasiado amplias y veo que no han escrito sus intenciones suficientemente bien en un estado consciente. No estoy diciendo ni criticando que las "intenciones amplias" no sean buenas ni creadas conscientemente. Pero cuando uno va a una ceremonia de Medicina de Plantas Sagradas, realmente debe saber qué o dónde está el dolor y qué lo está causando para resolverlo.

El medicamento le dará el tratamiento y mucho más de lo que está pidiendo, pero necesita trabajar con el medicamento como equipo para obtener los resultados deseados.

Cuando escribe una intención conscientemente, su vibración se comunicará con el Universo, Fuente Divina o poder superior y se le darán resultados.

¿Por qué es más importante tener una intención muy definida cuando va a un evento específico como San Pedro o Ayahuasca?
Es importante porque, en este caso, estamos buscando un tratamiento curativo. Estamos participando en un tratamiento de medicina alternativa por nuestra propia elección. No vamos a ir a un médico para tomar medicamentos o para seguir sus recomendaciones. Estamos eligiendo un método alternativo en el que creemos y estamos dispuestos a trabajar con la medicina de la Planta Sagrada para lograr nuestro objetivo.
Estoy seguro de que investigó este método antes de ir a una ceremonia. Por eso está leyendo este libro.

Está investigando y preparándose para una ceremonia seguramente.

No es coincidencia que yo necesitara escribir este libro para usted. Los mensajes vienen de maneras misteriosas.

Necesita prepararse para ellos, así como para las ceremonias y eventos en los que elija participar y asistir conscientemente.

Volviendo a los ejemplos de mi grupo que mencioné antes, y sus respuestas en cuanto a lo que la felicidad es para ellos, les pedí que tomaran unos momentos y cerraran los ojos y realmente trataran de ir más profundo dentro de sus emociones.

Es importante hacer este proceso para descubrir los verdaderos sentimientos que los hacían sentir tan bien. Una vez que lo hicieron, entonces necesitaban preguntarse a sí mismos o tratar de entender cómo sentir eso de nuevo. Lo bueno es que ahora saben que un sentimiento era el generador de sentirse bien.

Si era un sentimiento o una emoción que estaban encontrando, eso significa que tenían el control de ello.

Continuemos...

Hasta ahora, el primer paso es determinar lo que la felicidad es para cada uno de nosotros. En segundo lugar, cerrar los ojos y profundizar para reconocer el sentimiento que el evento activó en nosotros. En tercer lugar, es investigar los tipos de sentimientos que usted fue capaz de experimentar durante este descubrimiento.

Le sugiero que escriba estos pasos. Cuando es capaz de verlos por escrito, se vuelven más poderosos.

Encontrar el verdadero significado de la felicidad para usted mismo, es encontrar su propósito.

Recuerda siempre que llega a este cuerpo físico y vida no a sufrir, sino a sentirse bien y evolucionar.
Ahora que ha podido determinar uno o dos sentimientos verdaderos que lo hacen feliz y sentirse bien, ¿cómo puede llegar a esos sentimientos sin estar en un evento específico?

Es importante encontrar una manera de alcanzar esos sentimientos y trabajar en ellos. Así es como busca resultados verdaderos y se prepara para la Medicina de Plantas Sagradas.

Permítame darle un ejemplo. Estoy escuchando que necesito contarle sobre mi experiencia, y de esta manera usted podrá entenderlo mejor. Aquí voy.

Cuando fui a mi última ceremonia de Medicina de Plantas Sagradas, ya sabía los pasos y qué esperar; estaba listo. Realmente me preparé para la curación de mi situación en ese momento.
Elegí ir a la ceremonia. La ceremonia también vino a mí de alguna manera. No sabía que había una ceremonia que se iba hacer. Me entero por medio de una colega, y no le había dicho a nadie que yo estaba buscando una ceremonia para participar en ese momento.
Debido a que sé y creo que estar preparado y listo es importante, comencé con mi preparación física y espiritual tan pronto como decidí asistir.

Esta información que comparto con ustedes vino de colegas y profesores. No estoy inventando nada, ni estoy creando nada que no haya sido creado antes. Sólo estoy entregando mensajes, como he dicho antes.

Mi primer paso fue pensar profundamente en por qué elegí una ceremonia de Medicina como la de San Pedro.

De inmediato, empecé a pensar en por qué quería hacerlo y en qué temas quería trabajar.

Mi intención era clara de que quería trabajar en mí mismo y permitirme recibir mensajes y obtener la curación que estaba buscando.

Pero como puede ver, esta era una intención muy amplia, así que empecé a profundizar para ver cuál iba a ser realmente mi verdadera intención en la ceremonia.

Hice los mismos pasos que mencioné antes. Sabía lo que era la felicidad para mí. Sabía que la paz y el equilibrio eran los dos elementos que componían esa felicidad.

Quería ser muy claro y consciente de mi intención para la ceremonia. Cerré los ojos y comencé a ir más y más profundo dentro de mis pensamientos y sentimientos para determinar cuál era mi verdadera intención para la medicina.

En ese momento, realmente tuve que tomar el control de mis pensamientos, ego y miedos para lograr lo que quería. ¡TU PUEDES HACER ESTO TAMBIÉN!

Pude reducir la búsqueda a una intención específica para la ceremonia. Fui con la intención de sanar mi corazón roto de una experiencia de vida que había pasado recientemente en mi viaje.

A pesar de que estaba buscando 25 millones de otras respuestas en otros 25 millones de lugares, busqué en mi alma y me di cuenta de que quería sentirme bien. Necesitaba trabajar en mí mismo y encontrar la curación para mi corazón para poder continuar o comenzar un nuevo camino con paz, equilibrio, humildad y gratitud.

Focalizar su intención a una cosa específica no significa que no obtendrá otros mensajes también.

Lo que significa es que su problema principal será su objetivo conscientemente y será su enfoque cuando llegue a la ceremonia.

En cierto modo, es como entender que tiene el control y hará el trabajo que se necesite, con la ayuda de la medicina y juntos, podrá encontrar el tratamiento que lo llevará a la curación y a la felicidad.

Entendamos que esto no es fácil y puede tomar más de una ceremonia para lograr su objetivo final. La primera vez que fui, recibí tanta información que no pude absorberlo todo.

Se necesita seguir trabajando en sí mismo en diferentes niveles con el fin de lograr su evolución.

Creo que es inteligente y respetuoso por nuestra parte permitir que la medicina nos ayude.

La realidad es que siempre nos estamos curando a nosotros mismos y eso está bien y es hermoso, pero también tenemos que aprender a aprovechar esta hermosa medicina mientras escuchamos y sentimos a nuestros guías y maestros espirituales con sus enseñanzas.

La belleza de esta medicina es que lo guiará con su intención definida y consciente durante la ceremonia.

Preste atención a lo que el espíritu de la Planta Sagrada le está diciendo. Mientras esté bajo los efectos de la medicina estará consciente, pero su subconsciente también estará presente y esa es la belleza de la misma. Yo lo llamo la 'reunión del subconsciente y consciente'.

No soy médico o psicólogo, pero pude trabajar en mi intención con la medicina y con la presencia de mis guías espirituales y arcángeles, mientras me permití ver y sentir las sugerencias de mis guías sin barreras, censuras y sin temores.

Es tan importante que sepa por qué está eligiendo hacer esta ceremonia, y cuál es su verdadera intención. Recuerde que también obtendrá respuestas a muchas otras preguntas o pensamientos que tengan durante la ceremonia de 12 a 15 horas de largo.

No puedo dejar de destacar y reiterar la importancia de estar preparado, así que la próxima vez que asista a una ceremonia de Plantas Sagradas, prepárese como le he dicho a lo largo de este libro: física, espiritual, emocional y mentalmente.

Si bien es mejor ir a una ceremonia preparado, también está bien ir sin tener una intención específica, ya que el espíritu de la planta le dará una experiencia que necesita y lo guiará donde cree que tiene que ayudarle con su medicina. No hay bien o mal, y la experiencia seguirá siendo increíble y puede ser útil como parte de su descubrimiento propio.

La intención de este capítulo es que todos entiendan que tenemos el control de nuestras acciones. Tenemos control sobre cómo abordamos un nuevo evento. Tenemos el control de nuestras intenciones cuando se hace conscientemente. Tenemos control cuando estamos buscando curación y tratamiento. Tenemos el control de nuestra felicidad.

CAPÍTULO 8
LA PREPARACIÓN FÍSICA

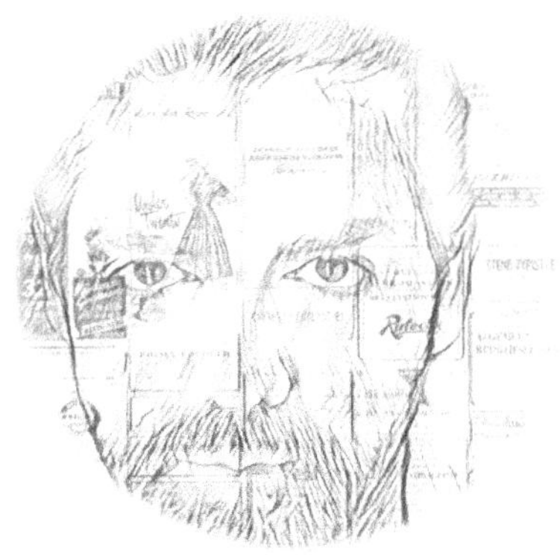

IMPORTANCIA DE LA DIETA

La DIETA es una gran parte del compromiso con una ceremonia de Medicina de Plantas Sagradas.

El propósito de hacer una dieta específica es prepararse y generar una buena conexión con el medicamento en un estado puro y limpio de cosas que puedan interferir con la medicina. La preparación dietética puede tener un efecto muy beneficioso.

Personalmente, hago un mínimo de 10 días de dieta estricta. Esto es lo que me enseñaron en mi primera ceremonia.

Creo que el compromiso, la dedicación y el honor hacia la medicina de Plantas Sagradas es una necesidad.

Me encanta la idea de comenzar el proceso de curación desde el momento en que decido asistir a la ceremonia.

Mientras tomo esta posición personal hacia la medicina de la planta, empiezo a sintonizarme con ella y su vibración espiritualmente.

Si cree que 10 días es demasiado largo o no es posible hacerlo, le sugiero que lo haga durante al menos 3 días antes de la ceremonia. La comida y la bebida deben ser tan simples como parte de su preparación consciente y será un gran apoyo para su intención en la ceremonia. Si sigue una dieta limpia, le proporcionará las mejores condiciones para que la Medicina de Plantas Sagradas funcione dentro de su sistema maravillosamente.

No se estrese por la dieta. Simplemente concéntrese en mantenerla lo más limpia posible. Cuánto más puro sea su cuerpo y su espíritu, más poderosa es la medicina y sus enseñanzas.

Para que realmente entendamos lo que es DIETA, sepamos que no sólo se refiere a restricciones de alimentos y bebidas. La DIETA se propone y se observa como parte del proceso de toma del medicamento con una intención pura. Para muchas culturas, DIETA es un cambio de estilo de vida y debe llevarse a cabo mucho después de la ceremonia como parte de nuestra rutina diaria también.

Limpiar el cuerpo de esta manera es ceremonial y práctico. Mientras que la eliminación de toxinas y alimentos pesados para el cuerpo permite que el medicamento se absorba más fácil y trabaje más profundamente. Usted quiere asegurarse de que trabaja con el medicamento como un equipo y no en contra de él.

DIETA

El propósito de la DIETA es conectar profundamente con una Planta Sagrada específica en este caso, ya sea para la curación o como una forma de iniciación, pero por lo general, para ambos.
Cada Medicina de Planta Sagrada tendrá sus propias restricciones específicas. Su Coordinador puede tener su propio plan de DIETA. Asegúrese de preguntarle antes de la ceremonia si tienen su propio plan de dieta para que usted lo siga.
Las restricciones dietéticas y de estilo de vida le permitirán trabajar más profundo y más eficazmente. Esto permitirá que la Medicina tenga un efecto más fuerte en su cuerpo. Imagínese que la planta está creciendo dentro de usted, y usted se beneficiará de su sabiduría y poder curativo.

Si comienza el proceso antes de asistir a una ceremonia, y realmente cree en la Medicina, su tratamiento de curación comenzará desde el momento en que comience la DIETA. Al menos, así son las cosas para mí. La razón por la que escribo sobre este tema es para que pueda beneficiarse de este proceso tanto como yo.
Cuando haga la DIETA en preparación para la ceremonia, estará limpiando su cuerpo de toxinas, hábitos, estancamiento y malas energías. Los chamanes suelen recomendar este DIETA unas semanas o unos días antes de la ceremonia. Recomiendo estar en DIETA, sin hacer trampa, por 10 días como mínimo antes de la ceremonia.

Tome el proceso de la DIETA como un proceso de descubrimiento personal y de conexión con el espíritu de la Planta Sagrada.

El proceso revelará información sobre usted. Debería disfrutar, abrazarse, aprender y escucharse a sí mismo con su cuerpo, mente y alma.

Este es un momento perfecto para conectar con el espíritu de la planta y la Fuente Divina, el Universo.

Parte de la enseñanza de esta DIETA es que cuando se está preparando para la ceremonia, su dieta va a estar alineada con sus comportamientos.

Es ahora cuando sus acciones y su alimentación estarán trabajando juntas con la misma intención.

Usted debe de tratar de tener su cuerpo tan libre de toxinas y productos químicos como sea posible.

Recuerde, DIETA requerirá esfuerzo y dedicación para funcionar bien.

Si usted está trabajando con su intención para la ceremonia junto con su DIETA, y lo vive en mente y cuerpo, se hará real en la ceremonia.

TRATE DE NO HACER TRAMPA. Recuerde que es un compromiso, ante todo.

Tan importante como la DIETA es consultar con su chamán o médico antes de hacerla. Lo mismo es para tomar la Medicina de Plantas Sagradas.

Algunas de las enfermedades que pueden verse afectadas por la Medicina presente en las Plantas Sagradas son:

- Problemas de Colon

- Fibrilación auricular (latidos cardíacos rápidos)

- Presión arterial alta

- Diabetes

- Enfermedad mental

Incluso si una de estas es la razón por la que usted está tomando la Medicina Plantas Sagradas, su chamán o médico debe ser consultado por su seguridad.
AYUNO

El ayuno es el proceso intencional de comer durante un período de tiempo específico. El propósito del ayuno no es sufrir. Es protegerse contra la glotonería, los pensamientos impuros, los acciones y las palabras.
El ayuno siempre debe ir acompañado de una oración, rezo y limosna (donar a una organización de caridad o directamente a los pobres, dependiendo de las circunstancias).

Adopté el ayuno como parte de mi rutina diaria. De lunes a viernes hago ayuno intermitente, que permite 8 horas para comer y 16 horas para ayunar. Hago este tipo de ayuno de dos a tres veces por semana mínimo. Esto realmente funciona para mí, y me hace sentir muy bien física y mentalmente. Hace que mis niveles de energía se eleven, y me siento muy productivo. Como siempre digo, no soy un experto en nada, y sólo estoy compartiendo lo que funciona para mí.

Basado en mi investigación, aquí está una lista de los beneficios de Ayuno para la salud:
- Promueve el control de la azúcar en la sangre reduciendo la resistencia a la insulina

- Promueve un mejor estado de salud combatiendo la inflamación

- Puede mejorar la salud del corazón mejorando la presión arterial, los triglicéridos y los niveles de colesterol

- Puede aumentar la función cerebral y prevenir trastornos neurodegenerativos
- Ayuda a bajar de peso limitando la ingestión de calorías y acelerando el metabolismo
- Aumenta la secreción de hormona de crecimiento que es vital para el crecimiento, metabolismo y fuerza muscular
- Podría retrasar el envejecimiento y extender la longevidad
- Puede ayudar en la prevención del cáncer y aumentar la eficacia del tratamiento de quimioterapia

También hay beneficios psicológicos en el ayuno. Piense en ayunar como un período de profundo descanso.

En este momento, su cuerpo comienza rápidamente a trabajar varias actividades fisiológicas que son beneficiosas para su cuerpo; como la 'neuroadaptación', ya que el ayuno ayudará a que sus sensores de sabor se adapten a un paladar bajo de sal, lo que facilitará la adopción de una dieta que promueva la salud.

Durante el ayuno el cuerpo induce cambios enzimáticos que pueden afectar a numerosos sistemas, que van desde la desintoxicación, la movilización de grasa, glucógeno y reservas de proteínas.

 El lado positivo de estos cambios es que continúan después del proceso de ayuno.

El ayuno no se recomienda como un plan de pérdida de peso primario. Esto sucederá automáticamente durante el proceso de ayuno debido a la limitación de calorías junto con una dieta más limpia.
Para mí la desintoxicación es el objetivo del ayuno.
El ayuno facilita la desintoxicación, promoviendo la movilización y eliminación de sustancias creadas en nuestro sistema, como el colesterol, el ácido úrico y los residuos químicos tóxicos.
Basado en la investigación, el ayuno parece tener un efecto profundo en la resistencia a la insulina que implica diabetes y problemas de presión arterial alta. También puede reducir la "fuga intestinal" que generalmente se asocia con artritis, colitis, asma, alergias y fatiga.

Si el ayuno resuena con usted, no dude en hacer más investigación y educarse en la búsqueda de los beneficios que coincidan con sus objetivos. Siempre consulte a su médico antes de un procedimiento de ayuno.

AYUNO DE AGUA

Desde principios de este siglo, la innovación y el avance en la medicina ocurrieron, desde la radioterapia hasta técnicas de autocuración como el agua sólo en ayunas. Estos fueron en gran parte poco reconocidos.

La belleza de este tipo de evolución en nuestra sociedad fue la comprensión de que la salud y la curación funcionan mejor cuando son procesos naturales.
Esta es una de las formas en que el cambio comenzó de la medicina tradicional u occidental con una concentración en drogas y cirugías, hacia el paso a un proceso más natural de curación.

Podemos reconocer que la mayoría de los problemas de salud actuales son el resultado de un exceso dietético moderno.

Siempre recuerdo una canción de 'Queen', una de mis bandas favoritas. La canción se llamaba: 'Demasiado amor puede matarte'.

En pocas palabras, la mayoría de nuestros problemas de salud son el resultado de que comemos demasiadas cosas equivocadas o no saludables.
Sólo necesitamos ser equilibrados y saber qué nos puede hacer daño incluso si sabe a AMOR.

Las sociedades actuales ingieren demasiada grasa y proteínas animales, así como azúcares refinados y carbohidratos. El uso de drogas, tabaco, café y refrescos también contribuye a la mala salud. Es importante para nosotros tomar el control de nuestra dieta y nuestro estilo de vida.

A medida que el mundo está pasando por tantas epidemias sin precedentes de enfermedades, muchas personas están prestando atención al antiguo método curativo del agua sólo en ayunas.
Este tipo de ayuno está empezando a tener sentido intuitivo para muchas personas. Comprender e implementar el ayuno hídrico es transformador para muchos de nosotros.

El ayuno por agua tiene el poder de desintoxicar el cuerpo de años de toxinas y curar enfermedades. Este ayuno también tiene la virtud de ayudarte a establecer una conexión con el Universo, la Fuente Divina. Es un tratamiento independiente. Induce un potente efecto natural.

Este proceso permite al cuerpo eliminar el exceso de sodio y agua del cuerpo. Lo creas o no, este proceso resolverá problemas crónicos con el edema y ayudará a reducir la presión arterial alta.

El ayuno de agua ofrece beneficios extraordinarios para la salud y la curación.
Hay estudios que dicen que es el tratamiento más eficaz disponible para muchas condiciones, así como para el diagnóstico de enfermedades potencialmente mortales.

La mayoría de los ayunos de agua duran de 24 a 72 horas. No debe seguir este tipo de ayuno por más tiempo sin supervisión médica.

Estas son algunas de las razones por las que las personas intentan el ayuno de Agua:

- Razones religiosas o espirituales

- Para bajar de peso

- Para desintoxicar

- Para beneficios para la salud en general

- Preparación para un procedimiento médico

La razón principal por la que las personas intentan el ayuno de agua es para mejorar su salud.

Piense en el ayuno de agua como una manera de limpiar el cuerpo y conectarse a la Fuente Divina antes de viajar con la Medicina de Plantas Sagradas, en una ceremonia de San Pedro o Ayahuasca.

Una vez más, por favor consulte con un médico antes de intentar este tipo de ayuno.

QUÉ EVITAR

Ahora es el momento de prestar atención a los 'NO' en lo que respecta a sus preparaciones dietéticas.

Ahora que sabemos que la importancia de la dieta para lograr los mejores beneficios de la Medicina que vamos a tomar, debemos comer alimentos frescos y saludables y beber mucha agua.

Sólo recuerde que lo que vamos a renunciar en comida y bebida es un sacrificio al espíritu de la Plantas Sagradas y un reconocimiento de nuestro respeto a ellas y al proceso.

Debemos recordarnos que estamos trabajando en equipo con la Medicina.

Consulte con su médico si está tomando algún medicamento o tiene alguna condición médica que le impida asistir a una ceremonia de San Pedro o Ayahuasca o prepararse para una.

Debemos evitar lo siguiente:

- Dulces o postres excesivos
- Grasas y aceites
- Alcohol
- Cafeína
- Drogas recreativas (incluida la marihuana)
- Actividad sexual (No es beneficioso liberarse sexualmente, por lo que puede mantener su energía vital disponible para su uso en el proceso de curación. Recuerde, trabajará con el

medicamento durante más de 12 horas en San Pedro y de 5 a 6 horas en la ceremonia con Ayahuasca.)
- No debe comer carne que no sea fresca, ahumada, enlatada o encurtida
- Sin especias, como sal, azúcar o sabores falsos
- Limitar los cítricos y los jugos
- Alimentos procesados y productos enlatados/envasados
- Evitar suplementos a base de plantas
- Aguacates/frutas maduras para evitar el deterioro o la fermentación del tracto digestivo
- Lácteos viejos o descongelados
- El coco es permitido, así como también los quesos a base de nueces

Evite los siguientes productos en grandes cantidades, debido a su contenido de Tiramina (se deriva del aminoácido, Tirosina).
Los problemas relacionados con la presión arterial pueden ser el resultado de la ingestión de una gran cantidad de alimentos ricos en Tiramina:

- Cacahuetes
- Frambuesas
- Espinacas
- Chocolate
- Tofu
- Miso
- Pasta de soja
- Salsa de soja
- Kimchi
- Productos de cerdo y cerdo

Es permitido consumir:
- Pollo (carne blanca)
- Huevos
- Pescado

Si estuvieras pensando en convertirte en vegetariano, este sería un excelente momento para probarlo.

Opcional: Recomendaría el siguiente régimen para la preparación más rigurosa:
- Nada con gluten/harina
- No azúcar
- Dejar la cafeína (o bajar a 1 taza al día)
- Tomar probióticos
- Dormir cuando se pone el sol y despertar cuando sale el sol
- Experimentar con el ayuno intermitente

Sugiero una cena ligera, seguida sólo por agua y té de hierbas hasta que bebas la medicina en la ceremonia de la mañana siguiente.

MEDICAMENTOS Y PROBLEMAS DE SALUD

Cada medicamento que tomamos tiene sus beneficios, así como posibles efectos secundarios, y San Pedro y Ayahuasca como Medicina de Plantas Sagradas no es una excepción.

Cuando hablamos de Medicina de San Pedro, tenemos que mencionar que sus efectos secundarios comunes son el aumento del flujo sanguíneo y la frecuencia cardíaca. Recuerde que es una medicina del corazón.

Así que, si usted tiene una afección cardíaca, debe hablar con su chamán o médico acerca de cómo tomar la medicina. Si usted tiene una condición sanguínea, debe tener cuidado, también.

Así y todo, usted puede tomar la medicina, pero a una dosis más baja.

¿Debo dejar mis medicamentos antes de una ceremonia de San Pedro o Ayahuasca?

Una vez más debe consultar con su médico antes de suspender cualquier medicamento ya que no es inteligente dejar de tomarlos de manera intempestiva.

 Muchos medicamentos deben disminuir en la dosis antes de dejar de tomarlo por completo.

Algunos medicamentos no deben interrumpirse en absoluto, como los de la diabetes, corazón, presión arterial o cualquier otra afección de la que dependa su salud.

Por lo tanto, por favor hable con su médico y vea si necesita o puede dejarlo por un tiempo.

Solo su médico puede aconsejarle sobre la mejor manera de hacerlo.

Otros medicamentos que deben ser abordados son antidepresivos que interactúan con el sistema de Serotonina. Esto también debe incluir medicina herbaria, medicina contra la ansiedad, y drogas recreativas como cocaína, anfetaminas, o éxtasis.

Los siguientes productos deben dejarse de consumir por lo menos una semana antes de la ceremonia:

- Cannabis/Marihuana

- Alcohol
- Medicina para el resfriado/tos
- Descongestionantes
- Somníferos
- Sedantes
- Tranquilizantes (se acepta melatonina, su propio cuerpo lo hace)
- Píldoras dietéticas y supresores del apetito
- Medicina de la Alergia
- Barbitúricos
- Opiáceos
- Antihistamínicos
- Algunos medicamentos hipertensos y antihipertensivos

Recuerda que nos preparamos para la medicina San Pedro y Ayahuasca con el fin de llevar nuestros cuerpos a su estado natural, limpio.

Incluso las siguientes hierbas deben evitarse:

- Kava
- Kratom
- Efedra
- Ginseng
- Yohimbe
- Rhodiola Rosea
- Kanna
- Boswellia
- Nuez Moscada
- Escoba escocesa
- Raíz de regaliz.

MEDICINA ALTERNATIVA Y OCCIDENTAL

Antes de entrar en un debate sobre Medicina Alternativa y Complementaria, vamos a determinar exactamente de lo que estamos hablando.
Medicina Complementaria y Alternativa es el término para productos y prácticas médicas que no forman parte de la atención médica ortodoxa, estándar.
La medicina alternativa incluye prácticas tales como masajes, acupuntura, taichí e incluso beber té verde.
 Otros ejemplos son medicina china, homeopatía, naturopatía, y todos los productos de salud natural como hierbas, suplementos y probióticos.
Estoy seguro de que actualmente está utilizando algunos de estos métodos alternativos en su rutina diaria. ¿No es cierto?
Cuando era joven, mis padres me introdujeron a la Medicina Alternativa como medicamentos homeopáticos entre otros. Era parte de sus creencias, y la compartían con mi hermana y conmigo.

El enfoque holístico o natural era parte de la filosofía de vida de mis padres.
Mis padres fueron afortunados de conocer a una persona muy especial, el Dr. Ricardo Álvarez, medico clínico quien se especializó en medicina homeopática.
A lo largo de los años, mis padres se hicieron muy buenos amigos con él y su familia.

Recuerdo conversaciones muy interesantes entre el Dr. Alvarez y ellos. No entendía todo, pero aprendí mucho de él que todavía llevo conmigo hasta el día de hoy.
El Dr. Alvarez pasó a recibir la posición de presidente de la Asociación Homeopática Argentina. Fui bendecido de haber sido uno de sus pacientes y agradecido al Universo de haberlo conocido.

Mi madre es enfermera, y ella y mi padre todavía continúan usando medicina homeopática teniendo más de 80 años de edad.

Como profesional de la salud y especialista en geriatría, entiendo la importancia de creer en la medicina occidental para muchas enfermedades y tratamientos, también creo en los beneficios de la medicina alternativa fervientemente. Pueden complementarse muy bien el uno con el otro.

Creo firmemente que vinimos a este mundo en un cuerpo físico para seguir aprendiendo y evolucionando de experiencias en nuestro camino de vida o de vidas pasadas.

Es importante vernos a nosotros mismos de una manera holística, mientras tenemos en cuenta todos los factores que puedan afectar a un ser humano en su camino de vida actual.

El trabajo con la Terapia de Vida Pasadas trabajará principalmente con problemas que podrían haber sucedido en el pasado y podría darte información para solucionar problemas que estás experimentando actualmente. Esto podría estar relacionado con vidas pasadas, karma y antepasados.

Todos estos factores contribuirán a la persona que fuiste y te ayudarán a entender a la persona que eres hoy. Tener esta información puede ayudarte en tu vida actual. Depende de usted seleccionar y determinar qué dirección desea seguir.

También se incluye en la medicina complementaria y alternativa las Lecturas de libros Akáshicos, Terapia con Ángel, Regresiones a Vida Pasadas, Balance y alineación de Chakras, sólo por nombrar algunas modalidades.

Al estar en un cuerpo físico en este siglo, la Medicina Occidental es la que gobierna nuestra sociedad. La medicina occidental es un gran negocio y muy controlado. Es un gran poder de nuestra economía.
Sin embargo, en mi experiencia personal, creo que tenemos que seleccionar lo que se siente bien para cada uno de nosotros.

Debemos alinearnos con lo que resuena y vibra con nuestras creencias y necesidades. Al ser iniciado en la medicina alternativa a una edad tan temprana, siempre he sentido que ambas medicinas podían complementarse entre sí.
Sentí este sentimiento aún más fuerte después de mi formación académica y práctica con la medicina occidental por más de 25 años.

No soy médico, así que no voy a decir cuál es más eficaz desde el punto de vista clínico.

Trabajando con pacientes de Alzheimer y demencias relacionadas, puedo decir honestamente que, muchas metodologías alternativas son tan eficaces como la medicina occidental en muchos casos.

La medicina occidental a veces es necesaria para lograr un resultado rápido, como un antibiótico, pero la complementación de ambos medicamentos es la mejor opción en mi opinión.

También creo que un medicamento será eficaz si realmente cree en la medicina que está tomando.
Su creencia, deseo e intención, junto con su fe, se convertirán en energía, y esa energía consciente será proyectada al Universo para lograr tus resultados como respuesta.

Debes creer y confiar en la medicina que incorpores a tu estilo de vida, para que puedas manifestar, lograr el resultado deseado.

Cuando se selecciona Medicina Alternativa o una hierba más natural o medicina vegetal, los resultados podrían tomar un proceso de curación más largo.
Esto es importante mencionar, ya que necesitas preparar a tu cuerpo y sus expectativas hacia el medicamento que estás tomando.

Cuando toma Medicina de Plantas Sagradas, lo haces porque crees en ella.

La medicina en sí misma le guiará para trabajar en aquellas áreas en las que necesita trabajar, basándose en su intención y su comunicación con el chamán, o quien esté a cargo de la ceremonia.
Tomamos estos Medicamentos Alternativos porque creemos en ellos y nos preparamos para tomarlos como parte del tratamiento.
Se trata de creer, respetar y honrarnos a nosotros mismos y a las medicinas.
Sea cual sea el medicamento que elija tomar, asegúrese de entender e investigar los pros y las contras que cada medicina tiene.
Asegúrese de prepararse y educarse para que reciba el mejor beneficio de cualquier medicamento que elija.

SALUD MENTAL

La Medicina de Plantas Sagradas puede empeorar condiciones como la Esquizofrenia y la Psicosis. Si desea tratar estos problemas, debe hablar con un médico ya que la Medicina de Plantas Sagradas no le ayudará.

Medicina de Plantas Sagradas le ayudará con la depresión, bipolaridad, y condiciones de ansiedad. Debo seguir insistiendo en lo importante que es ver a un médico o chamán con respecto a sus problemas de salud y condiciones.

La idea de esta información es ayudarte y no hacerte daño. Estamos haciendo toda la preparación para que usted tenga una experiencia de curación positiva.
No subestime su estado de salud clínica o mental.
Es por eso por lo que soy un firme creyente en la Medicina Complementaria y Alternativa con una Mente Clínica.

En algunos casos, podemos usar Medicinas Alternativas en lugar de la Medicina Occidental, pero en otros casos, necesitamos usarlos juntos para poder experimentar lo mejor de ambos mundos.
Si está embarazada o en período de lactancia, no debe tomar la Medicina de Plantas Sagradas. Si no está seguro de si está embarazada, espere hasta que lo sepa con seguridad.

También me gustaría mencionar que algunas personas han experimentado una curación milagrosa con la medicina de San Pedro y Ayahuasca.
Participa en una ceremonia ya que experimentarás una ayuda por medio de la medicina casi milagrosa.

174

CAPÍTULO 9
PREPARACION ESPIRITUAL & CHAMANISMO

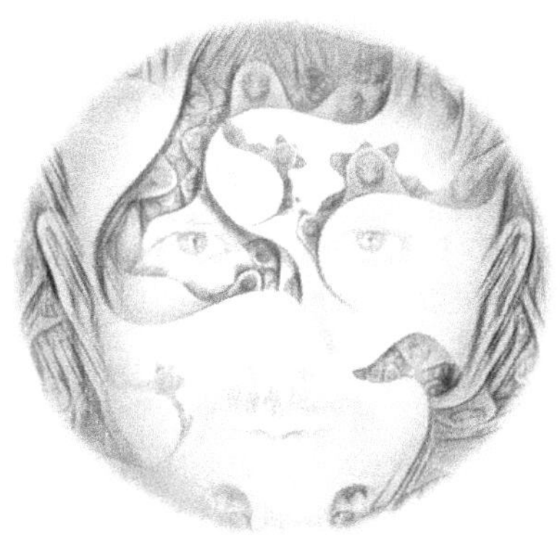

PREPARANDO SU ESPÍRITU

Cuando se prepare espiritualmente para una ceremonia de Medicina Sagrada, vea de elegir lo que funciona para usted, bajo sus creencias y cultura. Puede ser orar, meditar, yoga, arte o bailar.

Como músico, me conecto con la Fuente Divina, el Universo, a través de canciones que alinean mi mente y mi alma cuando las interpreto.

Junto con esto, la meditación guiada me ayuda a acompañar mi deseo y me lleva a obtener una comprensión más enfocada de lo que realmente deseo lograr en una ceremonia.

Muchas veces las personas van a una ceremonia de Medicina de Plantas Sagradas pensando que saben cuál es su intención.

Lo crea o no, una vez que comience a meditar sobre ese tema, puede darse cuenta de que su intención es un poco superficial.

Este es un momento perfecto para evaluar su intención de por qué quiere ir a una ceremonia y ver si está verdaderamente alineado con su espiritualidad.

Trate de descubrir qué tipo de trabajo espiritual realmente funciona para usted. Abrace la idea de ir a una ceremonia listo, preparado y espiritualmente conectado con sus deseos, intención y el espíritu de la planta.
Si ya ha hecho una ceremonia anteriormente, entenderá lo importante que es estar alineado con la Medicina de Plantas Sagradas y sus metas.

Sea disciplinado y establezca horarios específicos para su práctica espiritual, y recuerde que puede conectarse a la Fuente Divina o al ser superior que usted crea cuando quiera. Con la práctica, verá muchos resultados beneficiosos.

MEDITACIÓN

Cuando se trata de meditación, sólo puedo decir que usted debe encontrar el momento correcto, el tipo correcto, y la longitud correcta de meditación que le funcione.
Por mucho tiempo, no podía calmar, silenciar mi mente cuando estaba solo. Intenté muchas veces al principio practicar meditación con música y respiraciones, y no fue fácil para mí. La realidad es que era muy desafiante y frustrante no poder dejar que mi mente descansara sin concentrarme en lo que estaba pasando a mi alrededor.

Este tipo de meditación es para poder ser capaz de alcanzar un estado de claridad mental, de calma y estabilidad emocional. Es importante que practique y se sienta cómodo para beneficiarse del proceso. Personalmente descubrí que necesitaba orientación. Necesitaba a alguien o a un sistema, medio que me guiara, manejara mi mente y me ayudara a relajarme. Empecé a entender y a descubrir lo que funcionaba para mí. Me pareció que la meditación guiada, los mantras y el Yoga Nidra funcionaban perfectamente para mí y por eso lo adopté como parte de mi vida diaria. Ahora, incluso soy capaz de dormirme, a veces, por llegar a un estado meditativo profundo, aunque no sea el propósito de la meditación.

Uno de los beneficios de conciliar el sueño durante una meditación guiada es que su subconsciente aun durmiendo puede estar escuchando. Usted todavía puede estar recibiendo los beneficios cuando duerme. Sin embargo, la idea es que llegue al estado meditativo mientras permanece consciente, con el fin de recibir un resultado más eficaz.

Clínicamente, durante la meditación, está utilizando una parte de su cerebro que procesa las cosas que recoge de sus sentidos, como el gusto, la vista, el olfato, la audición y el tacto. Está usando esa parte del cerebro que le da información sobre el mundo que lo rodea.

Hay seis tipos populares de prácticas de meditación:

- Meditación Mindfulness

- Meditación Espiritual

- Meditación Enfocada

- Meditación del Movimiento

- Meditación Mantra

- Meditación Trascendental

Para estar alineado con usted mismo y con el Universo, mientras continúa desarrollando su fortaleza espiritual, es aconsejable meditar dos o tres veces al día.

Mi sugerencia personal es implementarlo en su rutina diaria, especialmente por la mañana y por la noche. Recuerde que necesita implementar sistemas conscientemente. Estas meditaciones se convertirán en algo más que una preparación para una ceremonia. Se convertirán en su estilo de vida y rutina diaria, para conectarte con Dios, el Universo, su Fuente Divina.

Mientras estoy meditando, también me conecto con mis guías espirituales y mis ángeles. Le sugiero que cree una rutina que le sea placentera con usted mismo, sus creencias y su intención. Mientras medite, permita que sus guías y ángeles vayan a usted. Mientras se comunica con ellos, su espíritu se fortalecerá y será iluminado.
Mientras medito, me concentro en lo positivo y me concentro en la abundancia, orando para que la sanación permanezca en mí y me rodee.

Use la meditación, la oración y las prácticas de yoga para ayudarse a alcanzar ese estado de paz y equilibrio como parte de su proceso de preparación para la ceremonia de Medicina de Plantas Sagradas.

Evite todos los pensamientos negativos y las personas negativas durante este tiempo.

No vea ninguna película violenta, por ejemplo, antes de hacer una meditación, para que pueda mantener ese estado sereno que está buscando.

Trate de hacer esto al menos por una semana, antes de la ceremonia, por lo que se liberará de la energía negativa. Tenga en cuenta que lo único que promoverá la negatividad es el miedo y la ansiedad.
EJERCICIO Y ACTIVIDAD FÍSICA

Cuando seleccione el tipo de actividad física que es bueno para usted, lo sabrá por cómo lo hace sentir. ¿Se siente bien? ¿Es agradable? ¿O es sólo otro trabajo que tiene que hacer?

Cuando elija su ejercicio, se recomienda que lo haga al menos dos semanas antes de asistir a una ceremonia y tal vez, seguirá haciéndolo parte de su rutina diaria después de eso.
Lo crea o no, el ejercicio es otra forma importante de amor propio.

Estar en forma para la ceremonia es importante, no sólo para las liberaciones de hormonas y el efecto que tiene en su salud mental, pues la ceremonia puede ser físicamente exigente para el cuerpo.
Dado que la ceremonia se realiza generalmente durante el día, la conexión con la naturaleza es una bendición y un elemento importante de la curación que proporciona el medicamento. Ir a caminar diariamente, tocar la tierra en un entorno calmo y natural para comenzar a conectar con el espíritu de la planta es ideal.

Personalmente, utilizo la preparación física para conectarme con el Universo a través de mi cuerpo y mi mente.

Estar físicamente listo para una ceremonia me ayudó a disfrutar de todas las actividades y rituales. He visto a otros rodando por todo el suelo e incluso saltando para arriba y abajo, como parte de sus tratamientos por la Medicina de Plantas Sagradas, por lo que estar en forma puede ayudarle en gran medida.

Con respecto al aspecto físico, abstenerse de la actividad sexual también es importante.

Cuando experimenta contacto físico o actividad sexual con otras personas, absorbe sus energías, y estas energías se almacenan en todos los niveles de su ser. La idea es enfocarse en limpiar y equilibrar 'SUS' energías para que pueda llevarlas a un estado natural. Necesita concentrarse en armonizar sus propias energías.

Trate de limitar su interacción con grandes multitudes. Concéntrese en su equilibrio y evite bares, conciertos y clubes.

Parte de su preparación física puede ser estar sentado sólo en silencio. Los beneficios de esto no se pueden exagerar.

Le recomiendo que lo haga entre 10 minutos y una hora al día. Usted encontrará que comienza a escuchar y reconocer sus conocimientos intuitivos, y eso le ayudará en el proceso de curación. Este ejercicio le ayudará a desarrollar la capacidad de comprender e integrar mensajes más fácilmente.

No soy un experto en hacer ejercicio, así que no le diré qué tipo de ejercicio debe elegir, pero haré algunas sugerencias. Caminar, trotar, correr, bailar y/o aeróbicos son algunos con los que estoy familiarizado. Cualquier tipo de ejercicio es bueno siempre y cuando esté moviendo su cuerpo en una rutina diaria o semanal.

Una vez que comience esta rutina, experimentará muchos beneficios.

El ejercicio desintoxicará los productos químicos dañinos de su cuerpo, que es lo que desea hacer antes de asistir a una ceremonia de Medicina de Plantas Sagradas. Recuerda que requiere estar limpio de toxinas y en un estado lo más natural posible.

El ejercicio también lo ayudará a aliviar los síntomas de la depresión que pueda tener, así como a proteger su salud mental.

Las investigaciones sobre la actividad física demuestran que dicha actividad puede ayudar a eliminar una sustancia en la sangre que se acumula durante momentos estresantes y que puede afectar negativamente la función del cerebro.

El ejercicio ofrece una gran cantidad de beneficios para su cuerpo más allá de lo físico y es gratis!

Las hormonas, como la adrenalina y el cortisol, pueden ayudar a aliviar el estrés y la depresión. La adrenalina también se denomina epinefrina. Es una hormona que su cuerpo produce en tiempos de crisis o mientras hace ejercicio.

La adrenalina puede hacer que el corazón lata más rápido y trabaje más, mientras hace ejercicio. Este proceso aumentará el flujo sanguíneo a los músculos y le permitirá estar más alerta.

En cierto modo, la adrenalina es un mensajero en su cerebro. La adrenalina también maximizará los niveles de glucosa en la sangre principalmente para el cerebro. Redistribuye la sangre a los músculos y alterará el metabolismo del cuerpo.

El cortisol crea una oleada de energía, enfoque y motivación mientras se hace ejercicio.
Es por eso que la gente dice, "Ve a dar un paseo y aclarar tus pensamientos". Es una forma de relajarse y reenfocarse.
Estoy seguro de que lo ha hecho muchas veces. Como verá el ejercicio no sólo le proporciona un cuerpo tonificado.

¿Sabía que hacer ejercicio también estimula la producción de endorfinas?
Bueno, así es.

Este producto químico, producido por el cuerpo, funciona como un analgésico natural y elevador de estado de ánimo, así como un alivio de estrés. Funciona como un medicamento que lo ayuda a aliviar el dolor, porque las endorfinas interactúan con su cerebro, reduciendo la percepción del dolor.

Las endorfinas son sólo uno de los muchos transmisores liberados cuando hace ejercicio.
La actividad física también estimula la liberación de la dopamina, la noradrenalina y la serotonina.
La dopamina es conocida como el neurotransmisor 'sentirse bien'.

Es un producto químico que transporta información entre las neuronas, y controla y regula su estado de ánimo. La dopamina se libera cuando usted está participando en una actividad sexual, comer una deliciosa comida o hacer algo que le da placer.

La serotonina ayuda a regular su estado de ánimo. Cuando usted tiene bajos niveles de serotonina, usted puede ser diagnosticado con depresión y también experimentar disminución de la excitación sexual.

AUTODESCUBRIMIENTO

Debe tomarse el tiempo para descubrirse e iniciar su comunicación con el espíritu de la planta. Así es como aprenderá acerca de la Medicina de Plantas Sagradas que va a tomar, y cómo es trabajado por el Coordinador o Chamán.
El autodescubrimiento es muy importante para que pueda estar en contacto con sus miedos y emociones mientras se enfrenta a ellos en una ceremonia para trabajarlos y superarlos.

A través de las emociones ocultas de los traumas pasados que ha estado suprimiendo, vendrá el conocimiento y la sabiduría, enfrentándolos cuando asiste a una Ceremonia de Plantas Sagradas.
Si trabaja conscientemente, descubriéndose a sí mismo, entenderá que la mayoría de estos problemas y traumas provienen de la infancia.

El espíritu de la planta lo llevará a esos recuerdos. Estos son recuerdos que lleva a su vida adulta y que se revelan en cómo maneja el estrés, la depresión, la ansiedad y cómo se conecta con los demás. En la Ceremonia, estará curando a su niño interior, mientras trabaja con sus miedos, dolor emocionales y malestares.

Participar en una Ceremonia requiere confianza a la Medicina, fe y confianza en si mismo, así como en la medicina curativa. Usted debe trabajar en esto durante su preparación espiritual.
Sea responsable y honesto con sus sentimientos.
Otra pregunta importante que debe hacerse es si está dispuesto a encarnar este proceso como una disciplina espiritual.

Utilicé este proceso para alinearme con la voluntad de soltar todo aquello que ya no me servía.

Este es un momento perfecto para concentrarse en practicar compasión, gratitud, amor y aceptación hacia sí mismo, y hacia los demás.

Siempre digo que la gratitud es la base de cualquier proceso de curación.

Trate de no ser severo o rígido con usted mismo, mientras se enfrenta a esos recuerdos incómodos, y concéntrese en la transformación curativa.

Tomar tiempo para preparar su cuerpo mental y espiritualmente, además de su físico, es una de sus metas como preparación.

Ser capaz de conectarse en usted mismo lo ayudará cuando escriba cuál es su intención para la ceremonia.

Muchas personas, a menudo, se dan cuenta de que sus intenciones son un poco superficiales, y lo que realmente necesitan trabajar está más relacionado a un nivel o trabajo espiritual.

La medicina que provee Plantas Sagradas funciona con su subconsciente y lo ayudarán a descubrir y ver lo que realmente importa.

CÓMO ELEVAR LA VIBRACIÓN

Entender la importancia de 'elevar su vibración' lo ayudará en la preparación para una ceremonia de Plantas Sagradas, ya que podrá aumentar su nivel de energía, su felicidad, su salud y su éxito en general.

Cuando se siente bien parece que tiene una sobreabundancia de energía. Eso significa que 'usted' tiene una 'alta vibración'. Es una sensación de que una vez que lo haya experimentado, querrá trabajar en ello todos los días.

¡Se sentirá como sonriendo y asumiendo el mundo! También sabrá con seguridad cuando su vibración es baja.

Resonará a una vibración baja si está triste, enojado, celoso o tiene alguna otra emoción negativa. Esa menor emoción reducirá su vibración, haciéndolo sentir cansado y desmotivado. Puede enfermarse de esto si no aumenta la vibración, sabía?
Elevar la vibración no será más que beneficioso para usted.

Cuando suba la vibración, comenzará a ver cambios positivos drásticos en su vida, así como a estimular su sistema inmunológico.

Si conoce o está informado acerca de la Ley de Atracción, sabrá que las cosas buenas parecen suceder cuando se eleva la vibración de uno mismo. La Ley de Atracción funcionará perfectamente para cosas positivas cuando se sienta bien. Su vibración se elevará y estará atrayendo las cosas que quiera en su vida.

 Usted tendrá que desear y visualizar lo que desea, y esta actividad va a aumentar su vibración!
Sin aumentar su vibración, no puede ponerse en la misma frecuencia con las cosas positivas que quiera atraer.
La siguiente es una lista de formas en que puede aumentar su vibración:

Comience por ser más agradecido y apreciar las cosas que lo rodean. Puede comenzar con amigos y familiares.

Esté agradecido de la comida que tiene para comer y cualquier otra cosa que pueda tener. La clave es decirlo y sentirlo conscientemente.

También puede comenzar un ritual escribiendo una lista de grandes cosas que están sucediendo en su vida. Hacer de estos pequeños cambios un hábito diario le hará sentir bien, y su vibración será más alta que nunca.

Pregúntese que tan consciente está de su vibración actual. ¿Cuánto tiempo dedica a los chismes o a quejarse en general? Recuerde que sus pensamientos y palabras son muy poderosos, y si siempre está pensando en pensamientos negativos, su frecuencia bajará y atraerá cosas negativas a su vida.

Escuche y disfrute de la música. Le ayudará a elevar su vibración y a desencadenar emociones positivas.

Escuche música positiva con letras positivas que le ayudarán a centrar sus pensamientos en perspectivas positivas.

Ejercitar y meditar. El ejercicio libera endorfinas al tiempo que desencadena sentimientos positivos. Ayuda a darle una perspectiva positiva de la vida. La meditación ayudará a aliviar el estrés y despejar su mente, para que pueda concentrarse en cosas que son verdaderamente importantes.

Practique Yoga, Reiki o Chi para equilibrar su energía.

También puede escuchar un audio que tenga una frecuencia de 528 Hz. Esto se conoce como el canal de "frecuencia de amor".

Es realmente notable lo mucho mejor que se sentirá después de escuchar esta frecuencia de 528 Hz durante un tiempo.

- Concéntrese en la positividad. Rodéese de gente positiva.
- Coma alimentos saludables.
- Practique el perdón.
- Tome un baño agradable y caliente, o una larga ducha caliente.
- ¡Haga cosas que le gusten! No pierda su tiempo haciendo cosas que no disfruta.
- Tome una siesta. A veces se siente un poco deprimido sólo porque está cansado.

HISTORIA DEL CHAMÁN

El chamanismo está especialmente asociado con los pueblos nativos de Siberia en el norte de Asia, donde las prácticas chamánicas se han observado durante siglos por los visitantes asiáticos y occidentales.

Es una ideología que solía ser ampliamente practicada en Europa, Asia, Tíbet, América del Norte y del Sur y África.

Actualmente vemos muchas comunidades en diferentes áreas del mundo involucrándose más en la investigación de diversas tradiciones chamanas.

El chamanismo cree que las causas de la enfermedad están en el nivel o reino espiritual, inspirados por espíritus maliciosos o energías bajas. Muchos chamanes son expertos en trabajar con la medicina de Plantas Sagradas y hierbas nativas de su área en el mundo. Prescriben estos medicamentos y hierbas a sus pacientes. El chamán trabajará con el espíritu de la planta mientras aprende sus efectos y propiedades curativas de ellos.

Recuerde que todos los chamanes tienen su propio linaje y tradiciones que siguen. Los chamanes y curanderos de la cuenca amazónica peruana utilizan canciones de medicina llamadas "Icaros" para evocar espíritus.

Lo interesante de la "medicina de la canción" es que cantarán canciones que aprenderán de sus guías.

Muchas veces, entrarán en un trance y cantarán canciones que están canalizando desde el otro lado durante el tratamiento y la ceremonia.

Los chamanes también usarán objetos "totémicos", como rocas con poderes especiales. Un espíritu alienado con el chamán es común de observar también en sus prácticas.

Estas prácticas son muy antiguas. En América Latina, el uso de la brujería y la hechicería, conocidos como "brujerías", todavía existen en ciertas sociedades.

Aquellos con conocimiento chamánico por lo general disfrutan de gran poder y prestigio en su comunidad. Por otro lado, también pueden ser considerados sospechosos o se han visto temerosamente, como potencialmente perjudiciales para los demás.

Como cantante e intérprete profesional, me gustaría mencionar el papel que juega la música en mi vida y cómo se convirtió en mi verdadera religión. La música era y es parte de mi conexión con el Universo, mi espiritualidad. Desde que tengo memoria, sentí que podía conectarme con otras dimensiones a través de la música.

La música que usé para mi primera producción del musical 'TANGOBSESSION' vino a mí en menos de un día en una lista de canciones que empecé a escribir mientras estaba acostado en mi cama en mi dormitorio. Sólo escribí los nombres de las canciones que usaría, y luego crearía una historia a partir de esas canciones.
La parte interesante de este proceso fue ver el resultado final. La secuencia en la que las canciones fueron presentadas por mis guías originalmente se convirtió en el orden exacto en que fueron interpretadas y también formó la línea y tema de la historia del espectáculo.

Esta creación única estaba llena de vibraciones que pude sentir mientras estaba en el escenario como el personaje principal cantando estas canciones. Esta vibración en un momento se convirtió en algo visual para mí. En un momento del nudo de la obra pude literalmente ver el aura / energía de mi audiencia suspendida mientras me escuchaban cantar.
Estaba en un estado de conexión y entrega total al Universo, cuando todo esto sucedía en el medio de un show. Lo interesante es que estoy pasando por la misma situación con mi nuevo musical.

Estoy en el proceso de crear un nuevo espectáculo, 'Madame Yvonne', y el proceso está sucediendo de nuevo.

Este proceso de 'permitir' requiere práctica, estudiar y rendirse/ entregarse a la Fuente Divina o Universo como lo llamo yo, para que pueda escuchar las voces de sus guías mientras se comunican con usted. Compartí este proceso con muy pocas personas, y muy pocas personas realmente entendieron el impacto que esta experiencia tuvo en mí, y lo hermosa que fue.

Puedo decir que hay momentos en los que puedo transportarme a una dimensión diferente y ser capaz de crear melodías o letras sin siquiera pensar en ellas. En cierto modo, me está pasando a medida que creo este libro, también. En muchos capítulos, puedo ser clínico y racional y en otros, más conectado con las guías, ya que me ayudan a darle mensajes.
También quiero mencionar que todos tenemos la capacidad de conectar y canalizar otras entidades y vibraciones.

Necesitamos encontrar la manera o el vehículo para hacerlo y seguir practicando, para que nos llegue de una manera más orgánica y fácil.
Los chamanes son capaces de hacerlo de forma muy natural y rápida debido a sus conexiones, y también practican a diario.

Si practica conscientemente, estoy seguro de que algún día podrá experimentar esto usted también.

EL PROPÓSITO DE UN CHAMÁN

El chamán: Propósito, Rol y Chamanismo
Es importante entender el propósito y el papel de un chamán. A lo largo del libro, me refiero a un facilitador, chamán o coordinador.

La diferencia es el tipo de experiencia que cada uno tiene con la Medicina o metodología que utilizan las Plantas Sagradas.
Quiero darle su respeto a los chamanes en esta sección del libro y honrándolos por su trabajo y sus creencias.

Un chamán es una persona que accederá o trabajará con el mundo de los 'espíritus buenos y malos'. Esta definición generalmente está relacionada con las personas del norte de Asia y América del Norte, que entran en un estado similar al trance durante un ritual o metodología como adivinación y/o curación.

La palabra Chamán proviene de la palabra 'tungusica' siberiana para la persona en una tribu de pueblos indígenas que utiliza un tipo de magia para sanar o prever eventos futuros, alguien que se comunica con espíritus, plantas, animales y otros mundos.

La siguiente declaración no es sexista, pero los chamanes suelen ser hombres que también se llaman "Hombres de Medicina" o "Curanderos". También pueden llamarse 'Doctor Brujo' o 'Vegetalistas', entre otros nombres.
Dos fantásticas Chamanas fueron y son parte de mi camino de vida cuando comenzó mi interés y necesidad de un tratamiento de sanación de energía.
Las dos Chamanas vinieron a mí de diferentes maneras. Uno de ellas llegó a una clase de canto que estaba enseñando a mi estudio de sorpresa por medio de otra alumna. Ella es originaria de Tucumán, Argentina y yo la conocí a través de una amiga mutua tiempo atrás.

Machi era una chamana muy inteligente y talentosa, con sus raíces y sabidurías indígenas. Siempre me decía que 'dejara libres mis duendes'.

La otra Chamana vino a mi Estudio de Arte donde tomó clases de Teatro y Psicodrama hace unos años. Ella no sólo se convirtió en una estudiante, sino también mi maestra e iniciadora en el arte de la curación con energías y metodologías alternativa de curaciones. Originaria de Bolivia, y su padre procedente de mi país, Argentina. Tuve experiencias increíbles con sus enseñanzas y ceremonias de Medicinas de Plantas Sagradas.

Es importante prestar atención y dar la bienvenida a estas personas especiales cuando entran en su vida. Podemos decir que el chamanismo es una práctica religiosa que involucra a un practicante, un chamán que interactúa con el mundo de los espíritus a través de estados alterados de conciencia, como un trance.

Los chamanes son elegidos a través de generaciones tradicionalmente en las familias, continuando un linaje o reciben un llamamiento a su rol.
Los que son elegidos por sus familias son elegidos por sus conocimientos, dones espirituales, sensibilidad, relaciones con otros chamanes, o tienen algo único, especial en ellos.
Lo crea o no, muchos chamanes son reacios a aceptar el papel al principio.
Esto se debe a la demanda física y a los deberes, y a la exigencia del rol. La verdad es que si el propósito de una persona es convertirse en chamán, el mundo de los espíritus no dejará que esa persona descanse hasta que acepte.

El trabajo del chamán es viajar al mundo de los espíritus o a la realidad no ordinaria, obteniendo consejos y poderes para mantener el equilibrio entre lo natural y lo sobrenatural. (Harner, 1982).

Los chamanes utilizarán muchas técnicas y métodos durante su viaje de vida alterando su conciencia a través de métodos rituales, utilizando instrumentos como tambores, baile, cantos y/o el uso de plantas psicotrópicas que componen las medicinas de Plantas Sagradas.

En algunos casos, los chamanes indios usarán cantos y medicina de plantas espirituales para lograr su estado de trance, en ocasiones.

Hay muchas variaciones y formas de chamanismo en todo el mundo, pero varias creencias comunes son compartidas por todas las formas de chamanismo.
Las creencias comunes identificadas por Eliade (1972) son: Los espíritus existen y desempeñan un papel importante, tanto en la vida humana como en la sociedad humana.

El chamán puede comunicarse con el mundo de los espíritus.
Los espíritus pueden ser benévolos y malévolos.
El chamán puede tratar la enfermedad causada por espíritus malévolos.
El chamán puede emplear trances, incluyendo técnicas para incitar el éxtasis visionario e ir en misiones de visión.
El espíritu del chamán puede dejar el cuerpo físico para entrar en el mundo sobrenatural para buscar respuestas.
El chamán evoca imágenes de animales como guías espirituales, presagios y portadores de mensajes.
El chamán puede realizar otras formas variadas de adivinación, utilizando objetos como bolas de cristal, leer huesos de animales, leer runas y, a veces, predecir eventos futuros.

Conceptos de Alma y Espíritu:

Me gustaría hablar un poco sobre las creencias del chamán, para que podamos empezar a entender sus prácticas.
Los chamanes creen en el Dualismo del Alma o en varias almas. Este es un sistema de creencias en el que una persona tiene dos o más almas. En muchos casos, una de las almas está asociada con las funciones del cuerpo ("alma libre" o "alma errante").

Se dice que el "alma libre" deja el cuerpo y viaja al mundo de los espíritus durante el sueño, un estado similar al trance, delirio y el proceso de transición durante la muerte.

El dualismo del alma también es visto por ciertas culturas como una "pérdida del alma" o una enfermedad para ser sanada. Debes volver al estado de un "alma libre" que puede haber sido robada por un espíritu maligno o pérdida en el mundo de los espíritus.

 Es relevante mencionar que esta creencia también se ve como una práctica curativa.
Si la curación es el proceso de restauración de la salud de un organismo desequilibrado, enfermo o dañado, las personas que creen en el chamanismo y en el poder de los chamanes, los buscarán con fines curativos.
Muchas culturas creen que el papel de un chamán consiste en la supuesta recuperación del alma perdida del enfermo.

Las diferentes culturas determinarán cuántas almas debe tener una persona.
Algunas culturas creen que una persona puede tener más de seis almas.

Los espíritus son entidades invisibles que sólo los chamanes pueden ver, y algunos de estos espíritus están en forma física. Son vistos como personas que pueden asumir un cuerpo humano o animal. Algunos animales, en sus formas físicas, también son vistos como espíritus como en el caso del águila, serpiente, jaguar y rata.

Otra práctica realizada por los chamanes es la Danza Extática. Es una forma de danza en la que los bailarines no sienten la necesidad de seguir pasos específicos, y se entregan dejándose llevar al ritmo de la música.
Se mueven libremente a medida que la música los lleva a una fluidez, lo que conduce a un trance y una sensación de éxtasis. La danza extática se ha practicado a lo largo de la historia de la humanidad y todavía se practica hoy en día.
La expresión rítmica también se utiliza para alterar la conciencia en las prácticas espirituales.
Junto con Icaros, canciones de medicina, es una parte esencial de los rituales y ceremonias.

Los tambores también son utilizados por los chamanes. El sonido del tambor permite al chamán alcanzar un estado alterado de la conciencia, mientras los conectan en un viaje entre los mundos espiritual y físico. Mucha fascinación rodea el papel de la percusión acústica que el chamán utiliza en una ceremonia.

Los tambores de chamán generalmente se construyen con piel animal estirada sobre un aro de madera doblado con un mango a través de la parte superior.

'Vigilia', un período de insomnio intencional, también es parte de las creencias y prácticas del chamán, así como el ayuno para la purificación y la limpieza física.

En muchas culturas chamánicas, las "Sweat Lodges"(Saunas) también forman parte de su proceso de limpieza física. Una cabina de sudor es una cabaña sencilla, típicamente en forma de cúpula u oblonga y hecha con materiales naturales.

La estructura es la cabaña y la ceremonia realizada dentro de la estructura se la conoce como "ceremonia de purificación".

Recuerde que los chamanes pueden utilizar diversos materiales, instrumentos y rituales en la práctica espiritual, basados en su linaje, cultura y tradiciones. Personalmente creo que cuando se aprende la letra de una canción y se la interpreta, se estará alineado con el compositor o en contacto con otras entidades como espíritus.

Puedo dar fe de ello. Muchas veces como cantante, he sentido emociones y sensaciones sobre cómo interpretar una determinada canción de una manera específica sin tener ningún conocimiento previo sobre cómo hacerlo.
Es muy personal, y cada uno tendrá su propia experiencia.

Puedo decir que cuando canto canciones hoy en día, recibo mensajes inconscientes sobre cómo realizar y manejar mi voz con ciertos tonos y personajes.

ROL DE UN CHAMÁN

Los chamanes realizan una variedad de funciones y actividades, dependiendo de sus respectivas culturas, linajes y tradiciones, como he mencionado antes.

 Realizan curaciones, conducen sacrificios, preservan tradiciones, realizan narraciones, cantan, predicen el futuro y actúan como 'guías espirituales'.

Un solo chamán puede realizar varias de estas funciones.
En algunas ceremonias, tendrá un chamán y uno o varios asistentes, o más de un chamán. Juntos, trabajarán en equipo en rituales y diversos pasos de la ceremonia, pero solo bajo el liderazgo de un chamán o un coordinador preestablecido para el grupo.
Recuerde que la comprensión fundamental para cualquier persona que se compromete con un camino de vida chamánico, es que hay buenas y malas energías (espíritus) a nuestro alrededor, y un chamán ayuda en la protección y despojo de estas malas o bajas energías.

Por lo general soy muy cauteloso acerca de asistir a una ceremonia. He tenido buenas experiencias, pero me he enterado, de fuentes fidedignas, acerca de casos que se salieron de control, y el resultado y la experiencia del chamán fueron éticamente cuestionables.
Quien me conoce, sabe que por lo general, yo no busco a la información, la información viene a mí. Siempre me pregunté por qué. Cuando la información viene a mí, la proceso y la uso para ayudar a otros. Este es uno de esos casos. La información de estos casos que me han contado, no seré más explícito en lo que me dijeron, ya que no lo experimenté personalmente. Sólo lo escuché de las personas que me vinieron a comentar lo sucedido.

Por favor, entienda la importancia del papel del chamán en una ceremonia. Es crucial que sepa con quién trabajará y se reúna con ellos antes de la ceremonia.

El chamán es el "caminante del puente" que viaja a otros reinos para ayudar con la recuperación del alma y las limpiezas espirituales que afectan lo tangible (cuerpo) y lo intangible como el alma, la mente, las emociones.

Los chamanes se enfrentan a muchos sacrificios a lo largo de su camino. Dedican sus vidas y se sacrificarán hasta el último apego y se moverán a través de todo temor concebible. Ser chamán no es un trabajo, es SU VIDA.

Para la mayoría de la gente, ser chamán es una bendición, pero no para algunas personas. En la mayoría de los casos, el chamán se rinde a su misión y camino de vida.

Una de las lindas cosas que he aprendido a través de mi investigación y de muchos chamanes, es cómo entender el sufrimiento y no erradicarlo. Esta última declaración es lo que me hace más capaz de comprender la relación entre la medicina tradicional occidental y la medicina alternativa y complementaria.

Un Trabajador de Energías Sanadoras, una vez me llamó Alquimista, debido a mi forma de pensar y cómo veo la medicina de una manera muy holística y orgánica, trabajando juntas y transformando conocimientos y practicás
Sin embargo, no creo que quiera ningún título para determinar quién soy.

Tengo suficientes títulos, certificados y diplomas de mi país de nacimiento y de mi país de adopción, y todavía estoy aprendiendo y evolucionando, como todos los demás.

Sólo soy un mensajero y un puente de conocimientos, disfrutando del hecho de poder compartir con otros como estoy haciendo en este preciso momento con ustedes.
Volviendo al papel de chamán en una ceremonia, me gustaría decir que el chamán se convierte en un recipiente de divinidad.
El chamán se convertirá en una persona de amor y un guía que se comunicará con la Medicina de Plantas Sagradas.

Lo guiará a usted y a los demás.
A veces el chamán lo ayudará a entender su verdadera esencia mientras trabaja con otras entidades para su sanación. Ellos pueden ayudarlo a entender su naturaleza eterna y ayudarlo a tomar conciencia de que todo es real y no real, que somos mortales e inmortales. Aparte de todo el trabajo que hace el chamán, todavía lo estará protegiendo mientras esté en la ceremonia. Ya que va a estar bajo el efecto de la medicina, el chamán lo protegerá de las bajas energías que pueden interferir con su estado de ánimo.

Ahora que sabe todo lo que hará el chamán, liderando la ceremonia, dándole la medicina, curándolo o tratándolo, el aguantándolo y protegiéndolo de las bajas energías para que pueda trabajar con la medicina de las plantas sagradas, mi pregunta es... ¿le gustaría saber quién es y saber sobre el chamán que va a dirigir su ceremonia?

Asegúrese de trabajar con un chamán auténtico o con un coordinador experto y experimentado en Plantas Medicinales Sagradas.

Coaching con un Chamán:

Hacer una lista de cierta información personal sobre usted ayudará a su Coordinador o Chamán a entender qué tratamientos o rituales debe asistir durante la ceremonia de Medicina del Plantas Sagradas.
No todas las personas que lleven a cabo una ceremonia solicitarán esta información.
Cuanto más sepa el Coordinador sobre su intención y su historia, mejor será para su proceso de curación.
Mientras genera esta lista, asegúrese de hacerlo honesta y conscientemente.
Comience la lista con:

Su nombre completo y fecha de nacimiento.
Descríbase en pocas palabras. Incluya sus valores, temores y cualquier don o virtud que pueda poseer.
Describa su infancia y anote los recuerdos de ella. Sea muy honesto aquí. Si está describiendo un recuerdo doloroso de su pasado, descríbalo en detalle. Describa los momentos felices, así como los no tan felices.
Comienza la etapa de confrontar y trabajar con sus miedos y posibles traumas que pensaba que había terminado pero que aún están en su mente.

Como parte de su viaje de vida, es probable que haya encontrado personas que han pasado al otro lado. ¿Cómo se sintió al respecto? ¿Fue una persona relevante en su vida?

Tómese el tiempo para incluir tantos datos como recuerde en su narrativa.
En un nivel más personal, trate de escribir sobre las personas que más ama y las que le causaron dolor. También querrá compartir si está divorciado o tiene problemas para soltar esa relación.

Esto es importante para que el chamán o el coordinador lo sepan porque por lo general implica un ritual de "cortar lazos energéticos" en la ceremonia.

Asegúrese de tener el nombre de nacimiento completo de la persona que desea nombrar en el ritual de divorcios espirituales y/o corte de lazos energéticos para que sea eficaz.
Algunos chamanes o coordinadores realizan un ritual especial para las mujeres que han experimentado un aborto espontáneo o problemas del útero.
Esta es otra razón para prepararse y escribir su narrativa y compartirla con el coordinador de tu Ceremonia.

No se espera que escriba un libro sobre su vida, pero es importante ser directo y al punto de sus problemas. Sea honesto con sus descripciones.

Tener una narrativa le ayudará a organizar e identificar los problemas en los que querrá trabajar durante la ceremonia. Es una gran herramienta de trabajo para el Coordinador también.

Recuerde que la sanación de medicina espiritual vegetal comienza desde el momento en que decide ser parte de la ceremonia. A partir de ese momento, vuestro compromiso y búsqueda comienza con un viaje lleno de amor propio y abundancia.

CAPÍTULO 10
CEREMONIA

Una ceremonia es un evento unificado, ritualista con un propósito, que generalmente consiste en una serie de componentes artísticos realizados en una ocasión especial. La palabra puede ser de origen etrusco, a través del latín ceremonia (Wikipedia).

Es un acto o ritual formal que generalmente se prepara o realiza en observación de una intención específica que podría basarse en un rito o una serie de ritos.

El propósito de una ceremonia es permitirnos reconocer una transición o un rito de paso con una creencia e intención específica, que podría ser un nuevo comienzo o, a veces, una conclusión.

Entender la terminología o tomarnos el tiempo para definir una palabra realmente puede ayudarnos a asimilar y aceptar algo de una manera racional.

Para algunos de nosotros, cuando racionalizamos, un cierto proceso nos permitirá asimilar las cosas orgánicamente a un ritmo rápido. Puede suceder tan rápido que ni siquiera nos damos cuenta cuando el proceso ha terminado.

Es importante tomarse el tiempo para entenderse a sí mismo y honrar el proceso. No hay bien o mal. Sólo hay "lo que funciona para usted'.
Por lo tanto, si necesita determinar lo que es una ceremonia, yo diría que es la oportunidad de sumergirse en sí mismo y llegar a ser honesto y veraz con sus sentimientos, mientras recuerda quién es, de una manera profunda.

Cuando participamos en una ceremonia entendemos que será algo sagrado y/o una cuestión de transición o transformación de algún tipo. Honraremos al Espíritu de la Planta que nos llevará a la sanación que estamos buscando.

Una ceremonia de esta índole, le ofrecerá un poderoso método de curación, transformación personal y crecimiento donde usted será capaz de estar en contacto con su yo interior, mientras recibe mensajes e información muy necesaria para usted y su evolución.

Siempre que he asistido a una ceremonia experimenté algunas de las experiencias más increíbles y potentes de mi vida. Me han permitido ver, entender e integrar la información de la que tenía hambre como parte de mi evolución y crecimiento.

La integración de esta información en la última parte de la ceremonia me dio mucha sabiduría para ser procesada en mi viaje.
COORDINADOR DE CEREMONIAS

Este es un tema muy importante. He escuchado muchas historias de terror y comentarios de diferentes personas que han tenido experiencias muy diferentes con los coordinadores.

A lo largo de este libro he mencionado lo mucho que creo en prepararme para cualquier ceremonia. Es tan importante como participar físicamente. Parte de la preparación es conocer a su Coordinador o Facilitador. Averiguar quién lo guiará en la ceremonia es parte de su preparación.

No sólo sabrá de antemano, quién es la persona, sino que también puede trabajar en su entrenamiento personal o establecer una reunión privada con su Coordinador, para que él o ella sepa con anticipación, exactamente cuál es su intención y en qué desea trabajar.

Nunca he tenido una mala experiencia, o cualquier problema con cualquiera de las ceremonias que he asistido. Como sanador, puedo entender cuántas cosas podrían salir mal si usted hace el medicamento con un coordinador inexperto. Sugiero a todos que hagan su debida diligencia.

Esto es como seleccionar un médico o especialista para una dolencia que usted necesita sanar. Voy a ir aún más lejos y decir que éste es alguien que trabajará con más de un cuerpo a la vez y todavía lo guiará a través de un proceso de curación.

Por lo tanto, si va a ponerse en manos de alguien para trabajar con su cuerpo físico, espiritual y emocional, ¿no le gustaría saber todo sobre esa persona? Piénselo.

Sólo voy a continuar con lo que usted tiene control y ayudarlo a prepararse para entender el papel del Coordinador.

PREPARACIÓN DE LA CEREMONIA

La preparación de la ceremonia es crucial, en mi opinión, y es el comienzo real de la ceremonia en sí. Esta preparación no sólo es importante para usted, sino también para el coordinador que lo asiste.
Después de participar en varios rituales y ceremonias y haber leído diversos artículos y escritos sobre ellos, puedo entender plenamente la importancia y la rutina de preparación.

Cuanto más nos sumergimos en él y practicamos el trabajo energético, expandimos nuestra conciencia con su poder y beneficios. Es una forma de incorporar el trabajo, no sólo racionalmente, sino también espiritualmente, mientras practicamos y experimentamos los beneficios y las enseñanzas. Podremos hablar de lo que creemos y hacerlo. Es por eso que es importante prepararse para una ceremonia de Medicina de Plantas Sagradas.

He estado en ceremonias donde el Coordinador no estaba 100% preparado, y se podía sentir que la energía estaba por todas partes. Se podía decir que la energía no estaba alineada con la intención, y los artículos utilizados en la ceremonia no estaban preparados para ser utilizados correctamente. La preparación debe ser tomada muy en serio y conscientemente por todos.

Para mí la ceremonia comienza desde el momento en que me comprometo a ella y comienzo el proceso de honrarme a mí mismo y a la ceremonia en sí.
Es como una comunión.
El ritual personal me permite centrarme y alinear mis pensamientos e intenciones.

Tener esta comunión entre San Pedro y yo fue el comienzo de mi viaje en el descubrimiento de tratamientos curativos.

Hay ocasiones en las que uno va a una ceremonia o a un ritual que no está 100% alineado con la energía que esperaba. Usted necesita asumir la responsabilidad de su propia experiencia cuando esto suceda.
Si está preparado y tiene una intención clara, se beneficiará del evento independientemente porque estará listo para trabajar con el espíritu vegetal y sus intenciones.

Por lo general, la preparación para una ceremonia consistirá en: dieta, meditaciones, ejercicio, y cualquier otro ritual que ya pueda hacer, así como el trabajo de entrenamiento. Usted puede optar por hacer el trabajo de entrenamiento antes de la ceremonia por el coordinador o el chamán.

La rutina diaria saludable no se trata sólo de dieta y ejercicio, sino de hacer las cosas que disfruta y le traen placer. Cuide su estado emocional, así como también del espiritual y físico.

Es importante comenzar a prepararse para una ceremonia con una limpieza corporal al menos 7 a 10 días antes de irse. Esto me lo presentó mi maestro (Chamán de Bolivia), así como otros chamanes y nutricionistas.
Me mostraron la importancia de este paso desde el punto de vista clínico y físico. Uno de los beneficios de esta preparación es que la Medicina de Plantas Sagradas funciona mejor cuando nuestros cuerpos son purificados y alineados física, emocional y energéticamente con el ciclo natural de la naturaleza.

Si usted hizo su investigación antes de ir a una ceremonia o ritual, usted entendería lo importante que es conocer a su Coordinador antes del evento. Estoy acostumbrado a tener una conversación con un coordinador antes del evento.

Esta comunicación me ayuda a alcanzar mis metas. El Coordinador lo guiará durante toda la ceremonia y lo ayudará a trabajar en sus intenciones y problemas.

La idea de tener una reunión con el Coordinador me fue presentada por un maestro con fines de coaching. Se busca obtener un mejor resultado de una manera organizada. El Coordinador puede ayudarlo con sus intenciones de una manera orgánica y hermosa.

Si reduce sus intenciones, como yo, podrá trabajar con el Coordinador en esas intenciones.

También le dará tranquilidad porque su consciente y subconsciente tendrá esta información pre-registrada, y no será una sorpresa en la ceremonia. Recuerden, ustedes tienen el control, y asisten a esta ceremonia para su curación con un propósito claro.

La preparación con su Coordinador se utilizará como parte del trabajo durante la ceremonia y lo ayudará a cumplir mejor su propósito.

Me gustaría volver a aplicar la relevancia de la dieta y las hierbas utilizadas para la preparación.

Con el fin de tener una experiencia completa, recomendaría hacer la limpieza durante 10 días, así como comunicarse con el Coordinador. Este proceso debe tomarse en serio para tener la experiencia completa de la Medicina de Plantas Sagradas.

Después de hacer muchos preparativos para ceremonias y rituales, puedo entender cómo los conventos, cultos y grupos diversos tienen una rutina diaria como parte de su intención y misión. Entiendo lo relevante que es.

Es tan fácil distraerse a diario, por lo que una rutina sería una buena solución para ayudarnos a alcanzar nuestros objetivos.

En general, tener una rutina diaria saludable nos permite mantenernos en tierra. Seguir una rutina nos ayuda a ser libres de drama mientras limpiamos nuestros cuerpos. Con hierbas y dieta, nuestros cuerpos serán capaces de liberar toxinas y estrés, así como todas las otras cosas que no necesitamos. Creo que esto es esencial para un estilo de vida saludable y orgánico.

¡PUEDE HACERLO!

LA MESA O ALTAR

Un Altar también se llama Mesa y por lo general es portátil o creado en el lugar de la ceremonia. Se utiliza en la curación chamánica y ceremonias de medicina del espíritu vegetal. El propósito del altar es conectar con el mundo natural como un puente.

El origen de la mesa se encuentra en los países latinoamericanos. La palabra 'mesa' es un término español que significa mesa, o una meseta alta, o un lugar donde los chamanes van a conocer a los espíritus. Es un Altar chamánico utilizado para la curación de ceremonias y oración.

Los chamanes y los coordinadores de la ceremonia utilizan este altar en sus ceremonias de sanación y oraciones para conectarlos con Fuente y para reunirse con los espíritus y antepasados. Muchas más culturas de todo el mundo han utilizado algún tipo de Mesa o Altar.

Entendamos que una Mesa puede ser una mesa permanente o algo tan pequeño o simple como un paño y unas pocas piedras.
Contiene herramientas sagradas como piedras, plumas y otros objetos sagrados que han sido recogidos a lo largo de los años por su propietario. Por lo general se doblan en un cuadrado y se atan con una banda de tela o corbata Mesa. Esto ayuda a mantener las herramientas seguras y la Mesa portátil.

PROCESO DE CEREMONIA

Cada Coordinador dirigirá una ceremonia de San Pedro de manera diferente. Es por eso que le sugiero que hable con el Coordinador antes de la ceremonia. De esa manera, usted sabrá los pasos y el proceso antes de ir. Debido a que las ceremonias se pueden realizar de muchas maneras, no significa que una manera sea correcta y otra no lo es.

No hay una manera específica de realizar la ceremonia. Lo mejor es hacer su investigación antes de ir para que esté preparado.
No quiera sorpresas porque le pueden alejar de su concentración o de su intención. Eso no significa que la curación no sucederá, pero no quiera perder tiempo o energía tratando de lidiar con algo que debería haber sabido antes de asistir a la ceremonia.

Cuando voy a una ceremonia o ritual, quiero estar lo más relajado posible. Quiero ser capaz de abrirme y ser capaz de canalizar mis guías y arcángeles. Por eso hago hincapié en la preparación.

Muchas ceremonias se realizan en todo el mundo y lo han sido durante siglos. Todos los hacen basados en sus tradiciones, antepasados, maestros, linajes y los dones personales que pueden poseer.

Una ceremonia de Medicina del Espíritu Vegetal tiene muchos rituales o pasos que usted puede pasar. Usted experimentará una introducción donde todos los participantes se presentan y verbalizan su intención para la ceremonia.

Esta es una gran manera de 'romper el hielo' y comenzar a sentirse cómodo con sus compañeros. Recuerde que pasará más de 10 horas con ellos.

Es costumbre y de respeto, como parte de la ceremonia sagrada, pedir permiso a los antepasados y a la medicina vegetal para permitirnos trabajar con ellos y con su espíritu.

También es normal pedirles que nos ayuden a recibir los mensajes de la Medicina del Espíritu Vegetal y su sanación.

También es muy agradable cuando al comienzo de la ceremonia, se puede experimentar el Saludo a las Cuatro Direcciones.

EL ESTE representa la primavera y simboliza la victoria, el éxito y el poder. Se ofrecen palabras a Oriente para que vuelen y se eleven con espíritu.

EL NORTE representa el invierno y también una sensación de problemas, penurias y tristeza. Los animales que representan al Norte incluyen búfalos blancos, alces y osos, recordándonos que seamos pacientes con las estaciones.

EL OESTE representa el otoño y la cosecha final al final de un ciclo. Occidente es negro, y representa la muerte del ciclo del verano.

EL SUR representa el verano y es una época de gran abundancia.

El verano contiene fertilidad, pasión, crecimiento, alegría y paz. El color es blanco.

Los animales del Sur tienen la lección de fuerza, coraje y orgullo, el águila con su vista aguda, y el lobo, orgulloso de ser parte de la tribu.

Al fijar la intención de la ceremonia, se llevarán a cabo algunos "manchas" para limpiar las energías negativas antes de tomar la medicina sagrada.

Como mencioné anteriormente, cada Coordinador llevará a cabo su ceremonia basada en su linaje y tradiciones, pero usted puede experimentar los siguientes servicios:

(1) Oración de Protección, Ceremonia de Tabaco o una Ofrenda

(2) Chakra Equilibrio para un buen flujo de energía

(3) Limpieza. No se sorprenda de ser parte de los rituales de grupo durante la ceremonia.

También puede recibir una curación individual basada en su pre-trabajo realizado con el Coordinador.

El o ella lo hará participar en un ritual específico como 'cortar cuerdas o votos' o incluso una "curación del útero" para las mujeres.
Despacho u Ofrenda (oferta), al final de la ceremonia será realizada por el Coordinador con la participación de todos. Esto es algo que mi Maestro siempre hace, y es un momento en el que realmente honramos y damos gracias a nuestros antepasados, la Medicina del Espíritu Vegetal, y a cualquier persona involucrada en la ceremonia que estaba contribuyendo al proceso.

El Sanador trabajará con los espíritus, cantando, pasando códigos y mensajes mientras limpia y cura su cuerpo y espíritu durante toda la ceremonia.

Usted debe ir con una mente abierta y estar preparado, para que sepa qué esperar y pueda tener una experiencia curativa completa en su ceremonia de Medicina del Espíritu Vegetal, trabajando con usted y sus antepasados.

Qué ponerse y qué llevar

Estar cómodo y preparar las cosas que necesitará para la ceremonia. Le recomiendo que pida al Coordinador o al chamán una lista de las cosas que se le proporcionarán.

Algunos lugares incluyen mantas, almohadas y sillas de jardín. Recuerda que estará en la ceremonia durante al menos 10 o más horas, así que vístase muy cómodamente.

Tenga en cuenta el pronóstico del tiempo del día, para que tenga todo lo que pueda necesitar. No quiera que nada rompa la concentración de su intención.

Aquí hay una lista de cosas que puede necesitar o desea traer:
Obviamente, usted mismo esté listo para descubrirse a sí mismo y trabajar con el medicamento abiertamente, mientras se rinde y permite la curación que el medicamento tiene para usted.

Asegúrese de tener a alguien que lo recoja después de la ceremonia. Si no es así, tenga la aplicación UBER en su teléfono, para que pueda solicitar un viaje de regreso a casa. NO CONDUZCA después de tomar el medicamento.

La ropa estará de acuerdo con la temperatura de la temporada. Asegúrese de llevar ropa adicional en caso de lluvia durante la ceremonia o vómitos por una reacción al medicamento.
En muchos casos, debe liberar lo que ya no le sirve. Esto puede o no sucederle.

Algunos otros artículos que puede traer son:

- Estera de yoga, saco de dormir o algo para dormir (muy recomendable).
- Un recipiente pequeño, en caso de que no pueda llegar a la zona asignada para vómitos. El Coordinador le informará dónde está esa área antes de la ceremonia.
- Si no se proporciona una manta para usted, le recomiendo que traiga una para cubrirse, si es necesario para calentarse.

- Si no se proporciona una silla, traiga una silla de jardín, ya que la ceremonia está fuera y querrá estar cómodo. Traiga una silla de playa que se reclina, un cojín o algo en lo que pueda sentarse.
- Protección solar y repelente de mosquitos, sombrero o bufanda.
- Piedras, amuletos, etc. para acompañarlo en su experiencia si lo desea.
- Un cuaderno y un bolígrafo, o incluso una computadora pequeña para escribir cualquier mensaje que pueda recibir y desee recordar.
- Flores frescas para el Altar o MESA. Pregunte al Coordinador acerca de esto antes de la ceremonia.
- Use ropa cómoda.
- Agua alcalina o de coco y alimentos orgánicos frescos que se compartirán con el grupo al final de la ceremonia (fruta, frutos secos, pan, jugo, hummus, etc.).
- Recuerde que no está permitido beber durante la ceremonia. Hable de esto con su Coordinador antes de la ceremonia.
- Las mujeres que están en su 'Moon Time' (Menstruación) deben hablar con el chamán antes de la ceremonia.

La participación está restringida para las personas que tienen fracturas o cirugías recientes, enfermedades infecciosas agudas, epilepsia, y para cualquier persona que toma cualquier tipo de droga (natural o sintética).

Hable con su chamán para obtener más explicaciones. Medicamentos que deben suspenderse al menos 15 días antes de la ceremonia:
antidepresivos, píldoras para bajar de peso, antihipertensivos, medicamentos para el asma y la gripe, para el trastorno nervioso, entre otros.

En el caso de la medicina psiquiátrica, es absolutamente necesario consultar a su médico.

Las Ceremonias de Ayahuasca tienen muchas reglas, así que siempre consulte con tu chamán o Coordinador para conocer los pasos específicos que quieren que siga. Limite su ingesta de agua antes de la ceremonia y no beba durante la ceremonia, ya que diluirá el efecto del medicamento.

CAPÍTULO 11
DESPUES DE LA EXPERIENCIA

ASIMILACIÓN E INTEGRACIÓN

Asimilar e integrar una experiencia vivida, es tan importante como lo que se aprende durante una ceremonia de Medicina de Plantas Sagradas. Necesitamos recibir la información y luego asimilarla y procesarla, para que quede con nosotros como parte de lo que hemos aprendido.

La integración es una forma de recibir información y de permitirnos estar abiertos a los mensajes como parte de nuestra evolución. Después de recibir los mensajes, ¿qué hacemos con ellos? ¿cómo incorporamos esos mensajes a nuestro estilo de vida o vida cotidiana?
En mi caso tengo que racionalizarlo.

Tiene que tener sentido para mí para asimilarlo mucho más fácil, sin resistencia por parte de mi intelecto, cerebro.

Sé que mi proceso de asimilación será más fácil si empiezo con ese primer paso.

No me resistiré a los mensajes que me llegan a través de las emociones porque el proceso de racionalización no comienza hasta después de que se reciba el mensaje. Lo que estoy tratando de decir es que necesita conocerse a sí mismo, y saber qué es lo que funciona para usted y que no. Esto hará un proceso más simple y orgánico sin poner resistencia a lo no conocido y a lo aprendido. El poder de fluir y confiar en el proceso.

¡DESCÚBRASE A SÍ MISMO!

Conozco como mi cerebro trabaja, y necesito al menos 24 horas para procesar cambios e información que adquiero. Descubrí esto cuando estaba trabajando en mí mismo con respecto a mi felicidad.

Creo que es importante tomarse el tiempo y entender cómo funcionan sus procesos de pensamiento. Por lo general puedo captar todo y como buen observador, me transformo como una esponja absorbiendo toda información que me interesa.

Luego de alguna manera mi mente comienza a digerir toda esa información adquirida y la procesa de una manera consciente y es ahí donde mis ideas y mi entendimiento se hace orgánico y parte de mi ser.

La realidad es que soy un muy buen oyente y observador. Como bien lo dije, soy como una esponja.

Esto puede ser bueno y no tan bueno. Puedo observar y recibir muchos tipos de información a la vez, pero a través de los años, me di cuenta de que precisaba más tiempo para que mi cerebro y mi mente procesaran la información que recibía.

Al tomar el tiempo que mi ser necesitaba, el proceso de asimilación se hizo más fácil y saludable para mí, más orgánico.
Después de que la información pasa por mi proceso de asimilación, es ahí donde comprendo si la información recibida tiene sentido para mí y si está alineada con mis creencias.

Si algo no se siente natural, lo sabré inmediatamente gracias a mi manera de procesar las cosas. Gracias a que reconocí que este proceso es crucial para mí, he podido evitar muchos errores y muchas situaciones no tan placenteras.
Es estar en contacto con tu ser interior sin vueltas, bien claro.
Es un proceso de estar en contacto con el hoy.

Si hay algo que no se alinea con usted, ahora es el momento de comenzar a cuestionar e investigar por qué no se siente bien esta información.

Llegar al fondo de por qué no se alinea es asumir la responsabilidad, y eso es apropiado. Es posible que tenga que enfrentarse a algunos miedos, para poder llegar al fondo de la situación y descubrir que es lo que no tiene sentido para usted.

Los detalles son importantes para mí ya que soy una persona que le gusta aprender y formar una opinión sobre las cosas con conocimientos apropiados en la causa.

Lo importante para mí es si me siento bien o no con la información recibida. Para mí es importante entender por qué no me alineé con un mensaje o situación específica.

Esta es otra manera en que he evolucionado personalmente, tratando de entender por qué algunos mensajes no se alinean conmigo.

Entenderme a mí mismo me ayuda a estar más centrado y asentado, y esto me permite liberar o soltar cualquier pensamiento que pueda estar creando algún tipo de drama que sólo va a hacerme desperdiciar energías.

El drama no permite llegar a una resolución, debido al hecho de que es un problema sin resolver en tu cerebro y por lo general son historias sin bases ni fundamentos concretos.

Comprender y saber cómo funciona su cerebro es crucial para que un tratamiento de sanación sea rápido y se sienta natural. Ser capaz de entender que nosotros mismos podemos controlar nuestros pensamientos y determinar dónde vamos a invertir nuestra energía es esencial. El control del pensamiento le permite soltar algo que no se quiere, como un drama, enfermedades, penas o, como yo lo llamo, 'Basura de bajas energías'.

Cuando hablamos de control, es importante no dejar que experiencias pasadas o recuerdos vividos interfieran con sus planes futuros.

No puede permitir que su pasado controle su presente. Aprendemos de experiencias vividas, pero tenemos que soltar lo negativo de ellas y no aferrarnos. Solo nos quedaremos con el aprendizaje de la situación y mantener lo aprendido.

El poder está en el hoy para que evolucione, no en el pasado.

No hay necesidad de que el pasado se repita una y otra vez, solo esto pasará si no se ha aprendido la lección de vida que tenemos que aprender o hasta que digamos basta y nos concentremos en como cambiará esa situación.
Es todo un trabajo que se tiene que hacer a conciencia y con la intención correcta hacia al cambio.

¡AHORA ES EL MOMENTO!

¡Es hora de comenzar con lo que necesita y quiere en su vida hoy!
Como vengo diciendo a lo largo del libro, si crea intenciones y deseos a conciencia, va a poder recibir los resultados a sus deseos. Siga recordando por qué está haciendo todo esto.

Usted debe mantener este pensamiento presente en su mente cuando siente que hay algo que está poniendo algún tipo de resistencia, que está previniendo su capacidad de sentirse libre mientras integra la nueva información.

La integración de información es una parte muy importante de la ceremonia de la Medicina de Plantas Sagradas.

En mi experiencia, la integración comienza al final de la ceremonia de 10 o 12 horas, cuando todos los participantes comparten algunas experiencias durante la Ceremonia.

Es el momento de compartir o aclarar cualquier pregunta o inquietud que haya o tengan sobre cuando estaban bajo el efecto de la medicina.

Es importante participar y escuchar, así como dar su opinión.

Este es el comienzo del tratamiento que usted estaba buscando. Para mí, es el comienzo del resultado del tratamiento.

Es un momento muy especial ya que en este momento todavía la medicina está en su sistema y muchas cosas consciente y subconscientemente se abrazan para aclarar muchas preguntas de una manera muy natural.

He visto personas afectadas por la medicina hasta el punto de que no pudieron participar conscientemente en el comienzo del último paso de la ceremonia de integración.

Este proceso de integración y asimilación puede continuar durante semanas o incluso meses mientras se incorporan sus descubrimientos y mensajes de la medicina.

Permítase tener una experiencia plena. No se apresure a sacar conclusiones y suposiciones. Tómese el tiempo para procesar lo que acaba de experimentar en la Ceremonia.

Entender la importancia de permitir que el proceso integral de la medicina pase por usted mismo, su cuerpo, su mente y su alma sin empujar sus deseos o anhelos es muy importante.

Otra parte del aprendizaje es escuchar y ser paciente, mientras se abre al 'arte de permitir'. Trate de integrar estas experiencias orgánica y naturalmente en su estilo de vida.

Es importante creer en la medicina y sus propiedades curativas como también tener una mente abierta.

Tiene que estar predispuesto, abierto y aprender lo que la medicina le ha presentado durante la ceremonia.

Debe enfrentarse a cualquier miedo que se pueda presentar o encontrar durante la ceremonia y/o durante el período de integración y asimilación de la misma.

Recuerde que usted seguirá bajo el efecto del medicamento durante este último paso de la ceremonia. Permítase expresar sus sentimientos y mensajes que haya tal vez recibido.

Estos sentimientos y mensajes podrían tener un doble propósito. Fluirán a través de su cuerpo a medida que los comparta con el grupo.

Mientras comparte estos mensajes, habrá otros participantes que se beneficiarán al mismo tiempo durante su proceso de curación y entrega.
Comprender y querer trabajar en algunos temas que ha descubierto depende de usted solamente sin presión u obligación.

Su propia mente encontrará formas de engaño si tiene problemas emocionales y de comportamiento. Debe estar listo y prepararse a querer cambiar su situación y tomar el control de sus pensamientos.

La integración ayudará a liberar cualquier tipo de preconcepción o expectativa que haya tenido en la ceremonia.
Sólo toma los hechos que pudo reunir y trabajar en ellos. Ahora es el momento de organizarse y recrearse porque la medicina le permitió ver las cosas desde una perspectiva diferente. Ahora puede entender cosas que antes no podía.

La medicina le ha dado la oportunidad de aprender mucho más sobre usted mismo.

La medicina también lo ha puesto en contacto con el medio ambiente, la naturaleza, guías espirituales y ancestros para que pueda comprender naturalmente las cosas que experimenta del pasado hasta su presente.

Esta nueva forma de ver el problema o comportamiento que originalmente quería trabajar, es parte de su evolución como ser, sintiendo que se siente bien y correcto haciéndose sentir alineado consigo mismo después de la asimilación de estos mensajes que ha recibido.

El cambio que está recorriendo lo hará una persona diferente a la que era antes. Estas nuevas enseñanzas le permitirán sanar o encontrar soluciones a sus problemas, pero lo más importante, le permitirán evolucionar.

Usted será capaz de adquirir estas nuevas enseñanzas y, con suerte, no volverá a cometer los mismos errores. Por lo menos usted podrá entender las consecuencias si estos errores son cometidos nuevamente. Ya tiene la información por si confronta nuevamente el problema, si es que es así, y estará bien preparado con las herramientas apropiadas por si eso sucede.

Depende de cada individuo querer sanar, aprender, escuchar y evolucionar.

Depende de la persona, pedir ayuda y hacerse cargo del problema.

Depende de la persona querer sentirse bien.

Rituales

Hay procedimientos que sigo personalmente después de participar en una ceremonia de plantas sagradas, y muchos de estos pasos podrían considerarse rituales.

Me han dicho muchas veces en mi vida que he sido un brujo en vidas pasadas, así que los rituales son una especie de actividad muy familiar, 'lo mío'.

Se recomienda no conducir después de haber estado bajo el efecto de la Medicina del Plantas Sagradas, ya que el efecto de la medicina puede alterar tus sentidos. Normalmente hago que un amigo me recoja después de la ceremonia.

Opto por no quedarme en el lugar de la ceremonia y dormir allí, como algunos lo hacen. Me gusta volver a casa, a mi propio ambiente donde puedo sentirme libre de pasar por los efectos de la medicina.

No hablaré de la ceremonia, ni de mis experiencias o mensajes recibidos con nadie cuando me van a buscar al finalizar la misma.

Normalmente guardaré silencio, la persona que me buscará lo sabrá de antemano para que no se sorprenda o se ofenda.

Preparo a esa persona para no tener ninguna presión sobre mí, ni tendré ningún tipo de interferencia en mis pensamientos o mensajes recibidos.

Para mí es importante no tener ninguna interrupción del tratamiento o proceso de curación. Me lo tomo muy en serio, y es así como me gusta hacerlo.

Este comportamiento es solamente para que pueda continuar el proceso de asimilación e integración de la experiencia naturalmente sin limitaciones o interrupciones.

Tan pronto como llego a casa, voy al garaje donde se encuentra el lavadero con el lavarropas.
 Si no hay una zona de lavandería, simplemente desnúdese en la entrada de la casa y ponga su ropa en una bolsa negra de plástico para ser llevado a una lavadora y ser lavada tan pronto como sea.

Tan pronto como me quito la ropa, enciendo un Palo Santo o Salvia (SAGE). Después que limpio todos los artículos con palo santo, procedo a poner la ropa en la lavadora, incluyendo mis zapatos. Por lo general uso zapatos de tela para la ceremonia, así los puedo lavar sin problema.

Hago esto para asegurarme que estoy dejando todas las energías bajas o cualquier energía que no deba tener a mi alrededor, fuera de mi hogar. Necesita proteger su hogar. Es su templo.

Es importante, especialmente en estos momentos, ya que está tomándose el tiempo para asimilar algo que es tan profundo de su tratamiento curativo.
Es vital que esté en un ambiente limpio y abierto, libre de malas o bajas energías que realmente puede acceder a la recepción de tus mensajes.
Necesita estar en un espacio que lo induzca a estar abierto, seguro, y permitir que la nueva información sea absorbida de la manera más orgánica posible.
Después de hacer estos pasos a mi llegada al lugar de descanso, me quedo desnudo y procedo a limpiarme con el humo de las hojas de salvia que quemaré (SAGE).

Es dejar que el humo de la misma me cubra el cuerpo como proceso de limpieza de energías bajas. Después del proceso de salvia, tomo una ducha con sal del Himalaya, sal rosa o jabón de Ruda.
Utilizo cualquier hierba limpiadora con la que me siento atraído para utilizar en ese momento. Basado en mi experiencia cuando realizo el proceso de ducharme, he experimentado que recibo muchos mensajes, y solo les permito fluir a través mío.

Es un proceso muy importante para mí, ya que el tratamiento continúa y es de alguna manera dejar que volvamos a un estado consciente muy naturalmente.
El agua es parte de mi limpieza pero al mismo tiempo de integración de mensajes.

También me ayuda a relajar y estimular mi chakra Corona para un mejor flujo y mejor integración mientras cubre mi cuerpo.

Luego me seco y voy a la cama para continuar el proceso de integración. Muchas veces no he podido dormir después de una ceremonia. En una ocasión me encontré que no me pude dormir hasta que no vi el sol al día siguiente.
Lo importante es que se rinda y permita que los mensajes y la información que está recibiendo fluyan como parte de la integración.
Es un proceso que cuando nos preparamos bien y lo entendemos, se disfrute y la resistencia a lo que se pueda experimentar sea mínima o no existente.

Una vez que pueda conciliar el sueño seguirá recibiendo mensajes e información relacionados con su amplia o definida intención original por participar en un Ceremonia de Medicina Sagrada.

Cuando me levanto al día siguiente por lo general no tengo hambre en absoluto. Bebo agua, seguro, pero no café.

El agua me ayuda a bajar a un estado más consciente y HOY estar en el presente, alerta.
Interesantemente por lo general encuentro ruidos, música, televisión o radio molestos y una perturbación a mis pensamientos.

Me permito pasar todo el día escribiendo mensajes y meditando, mientras sigo tratando de entender la información que he recibió en las últimas 24 horas. Estos son momentos muy importantes del tratamiento para mí, ya que de alguna manera todo comienza a tener una lógica con un entendimiento muy simple y natural.

Como persona racional y pensante, detallista, el proceso de comprensión y asimilación de mensajes e información es realmente fascinante para mí.
Pasar un día entero en silencio y permitir que los efectos posteriores de la medicina fluyan a través de mi ser, es muy placentero e iluminador.

Durante este tiempo yo me recargo de buenas energías. Me emociono a veces cuando empiezo a entender los mensajes ya que no hay nada que pensar o crear, solo dejar fluir sin resistencia el proceso.
Para mí es un hermoso proceso.

Por la noche del día después de la ceremonia, tendré una ligera comida e iré a dormir cuando sienta la necesidad de hacerlo, independientemente de la hora.
Planeo con anterioridad y dedico todo el día y posiblemente al día siguiente también, un tiempo prudente como parte de mi plan de curación.

Recuerde que todos somos diferentes y tenemos tiempos que son específicos para nosotros.
Algunos de nosotros necesitaremos más tiempo para procesar pensamientos y mensajes que otros.
Por lo tanto no se apresure o trate de evitar pasos porque desde ya les informo..... eso es imposible de lograr!

Todo tiene su curso y un tiempo necesario para su proceso. Normalmente me toma 36 horas para recuperarme completamente y sentirme al 100%.
Para mí esta será la segunda fase o paso del proceso de integración y asimilación, siendo la primera fase el final de la ceremonia junto a los participantes.

Hay una tercera fase para mí que experimento de las 36 horas en adelante.

Al tercer día estoy completamente en el presente. Ahora todo comenzará a tener sentido.

Usted será capaz de empezar a conectar pensamientos, eventos, ideas y tantas otras cosas que ha experimentado y que ha procesado. Continuar estando abierto y permitir que la medicina continúe con su trabajo y tratamiento es muy importante.

Ahora se va a sentir diferente porque ha experimentado la medicina. Usted es una persona nueva en muchos aspectos, ya que ha podido experimentar cosas nuevas y sensaciones. Ahora, usted posee información valiosa, y depende de usted cómo lo implementará y lo utilizará para su beneficio.

El tercer nivel que mencioné puede durar varios días, semanas o meses.

Usted se encuentra plenamente consciente y está implementando conscientemente su nueva información, y esto va a tomar tiempo y trabajo: espiritual, mental y físico.

Sería el momento adecuado de desarrollar una práctica para continuar este proceso utilizando la meditación, las afirmaciones, los cambios en las rutinas, y la integración de nuevos comportamientos.

¡Usted está en control de su propio tratamiento y curación y está listo para hacerlo!

APRENDIZAJES

Los aprendizajes son parte de la evolución personal. Siempre digo que todos somos capaces de aprender si queremos y estamos dispuestos a poner la energía en ello. Este es un tema en el que personalmente creo y soy prueba viviente de ello.

Como educador nato necesito definir el verdadero significado del aprendizaje. "El aprendizaje es el cambio relativamente permanente en el conocimiento o el comportamiento de una persona debido a la experiencia".
Definimos el aprendizaje como el proceso transformador de asimilar información que, cuando se internaliza y se mezcla con lo que ya sabemos y hemos experimentado, cambia lo que sabemos y se basa en lo que hacemos.

¿Qué es aprender y cómo aprendemos?

Podemos determinar que el aprendizaje ocurre cuando somos capaces de adquirir una comprensión física o mental de un tema. Lo bueno de este proceso es que usaremos nuestra habilidad o conocimiento recién adquirido junto con las habilidades y la comprensión que ya poseemos.

De esta manera continuaremos nuestro camino de constante evolución.
Comprender la base del aprendizaje puede ayudarlo a tener un estilo de vida más orgánico y holístico.

 Permitirse experimentar nuevos eventos sin oponer resistencia es la clave. Déjelo fluir y déjelo ser.
Hay tres tipos básicos de estilos de aprendizaje:
visual, auditivo y cinestésico.

Para aprender dependemos de nuestros sentidos para procesar la información que nos rodea. Muchas personas tienden a usar uno o varios de sus sentidos más que otros. Abra sus dones, hónrelos, descúbralos, practíquelos y ejercítelos.

¡Tómese el tiempo e invierta su energía para descubrir quién es y de qué se trata!

Debe tener el deseo de aprender, así como desearlo y sentirse bien en el proceso. Estos procesos no pueden ser impuestos por nadie.

Por ejemplo, solo usted puede controlar cómo, cuándo y por qué seleccionará un tratamiento, por ejemplo. Para que un tratamiento o un proceso de sanación funcione debe creer en él y debe estar abierto a las enseñanzas de cualquier índole, para que pueda incorporarlo a su rutina.

La medicina de Plantas Medicinales Sagradas es uno maravilloso tratamiento curativo, y como he dicho "Una vez que conozca al espíritu de la planta, su vida nunca volverá a ser la misma".

Para mí es una medicina maravillosa que me ayuda a reconectarme, curarme y evolucionar de una manera muy orgánica y holística, mientras sigo aprendiendo sobre mí ser.

Como profesional de la salud tradicional y un ser analítico, la integración conjunta de la terapia psicológica tradicional con la medicina complementaria realmente me ayudó enormemente.

Estoy tan sorprendido con los resultados que fue uno de los motivos que quise compartir con mis seguidores y lectores.

Puedo decir que esto funciona muy bien para mí.

Tiene que descubrir qué funciona mejor para usted.

Nuevamente trabajar con las Plantas Medicinales Sagradas sólo mejorará su vida si lo hace de manera correcta y consciente y con preparación previa.

Si desea implementar la terapia psicológica tradicional junto con la Medicina de Plantas Sagradas, le recomiendo que busque un terapeuta que comprenda las prácticas y metodologías alternativas.

Decidí combinar ambas terapias respetando el camino de vida que estoy viviendo en este plano.

He comenzado a valorar mis muchos años de experiencia y prácticas en campos tanto profesionales como personales.

Mi objetivo era integrarlos a todos como parte de mi tratamiento y cambios de comportamientos que venía practicando por más de 50 años.

Estaba dispuesto a abrirme y dejar de lado los malos comportamientos y patrones que no me funcionaban o que no me contribuían nada positivo después de haberlos tratado por tanto tiempo.

Uno comienza a darse cuenta de esto después de cometer los mismos errores muchas veces, así que escuche, estudie, descúbrase y aprenda de ello.

 Aprenda lo que funciona para usted. Póngase a usted mismo primero y hágalo porque es el único que sabe exactamente qué quiere cambiar y qué ha funcionado o no en su viaje de vida actual.

La asistencia de profesionales es importante y le sugiero que siempre consulte a un profesional ante cualquier pregunta que tenga con su salud.

Le puedo asegurar que dedicar su tiempo a un objetivo específico, en un estado consciente, lo llevará al éxito.

Esto se basa en mi experiencia personal al manifestar mis deseos e intenciones, no sólo en mi carrera profesional, sino como un Emprendedor de Negocios.

Nunca pensé en convertirme en un emprendedor, pero a lo largo de los años desarrollé y creé muchos negocios exitosos, y también me convertí en asesor de negocios para otras personas.

El éxito seguramente lo llevará a través de altibajos. Siempre estará aprendiendo, creciendo y evolucionando. Sólo le recordaré que se permita el tiempo para fluir mientras continúa su camino en evolución.

Todos evolucionamos en diferentes marcos de tiempo y, a veces, debemos pasar por mensajes similares una y otra vez hasta que evolucionamos hasta el punto en que entendemos completamente los mensajes que estamos recibiendo.

He estado dedicando mi tiempo a seguir aprendiendo sobre mí, mi misión y mi vibración.
Como he ido aprendiendo, y este libro es una prueba, puedo convertirme en un mensajero de mis propias experiencias dentro de mi viaje de vida.
Espero que este intercambio de mensajes y aprendizajes inspire a otros a descubrirse a sí mismos en su camino.

Esté siempre seguro y recuerde, cuando estamos aprendiendo nos estamos honrando a nosotros mismos y a nuestros antepasados con amor.

RESULTADOS

Los resultados son los resultados que buscamos. Pueden ser fantásticos y maravillosos o no. Vienen en muchas formas y maneras, pero pueden tomarse su "dulce tiempo" después del proceso de implementación. De una manera más formal, decimos que los resultados son declaraciones específicas y mensurables que le permiten saber cuándo ha alcanzado sus metas.

Las declaraciones de resultados describen cambios específicos en su conocimiento, actitudes, habilidades y comportamientos que esperaba que ocurrieran como resultado de sus acciones.

Verá resultados en diferentes etapas de su proceso de curación mientras alcanza su objetivo deseado.

No se inquiete tratando de obtener resultados siguiendo un calendario o mirando un reloj. Todo sucede en un plan y un tiempo divinos.
Es importante que recuerde y apoye su intención original y continúe permitiendo que su proceso avance.

Un proceso de curación puede demorar más de lo que tal vez se desea, pero debe continuar permitiéndolo con la única intención de sentirse bien mientras evoluciona desde su estado actual.
Habrá ocasiones en las que podrá ver los resultados de inmediato.
Es decir, podrá recibir un mensaje que interprete de inmediato, y le permitirá un proceso de implementación muy sencillo.

También habrá ocasiones en las que recibirá mensajes y tardará mucho más en entenderlos o asimilarlos. La razón por la que esto puede suceder es que es posible que deba experimentar otros eventos antes de poder asimilar o entender ese mensaje en particular. Considérelo como es: un eslabón perdido al mensaje principal.
Por eso es tan importante tener una intención bien definida y enfocada cuando emprendemos una actividad, especialmente de sanación con la Medicina de Plantas Sagradas.
De esta forma podrá trabajar en esa intención, buscando esa respuesta específica. Al hacer esto se permitirá recibir otros mensajes de forma más natural y sin resistencias, puesto que ya se ha preparado.
Mientras continúa trabajando en su intención original por participar en una ceremonia, puede ser muy posible que reciba otras curaciones a través de la medicina que pueden estar relacionadas con su intención original o que contribuyan a la situación que quiere solucionar.

Es por eso que necesita tener una intención consciente antes de asistir a la ceremonia.

Esto también le ayudará a pasar por el proceso de asimilación e integración mientras le permite ver mensajes inesperados que tendrán sentido para usted cuando no esté tan fuertemente bajo el efecto del medicamento.
Esta experiencia le ayudará a comprender el verdadero y completo mensaje que la medicina tiene para usted mientras se entrega, permite y sigue conscientemente sus instintos y dones.

Abrace a la experiencia.

DIARIO HABITUAL Y MENSAJES

De alguna manera, mis guías y ángeles me susurran y me aconsejan que use mi experiencia educativa para comunicarle algunos mensajes. Me doy cuenta de que algunos capítulos de este libro tienen secciones con información académica y el propósito es generar una línea de base o un terreno común para que todos lo comprendan.
Es importante para mí compartir también, que no podemos estar 100% conectados a la Fuente y vibrar en alta frecuencia sin conectarnos a tierra a veces.

La idea de estar conectado a la Fuente Divina a un alto nivel de frecuencia continuamente, sería totalmente desequilibrada y poco realista. Ser capaz de mantener el equilibrio y la paciencia todo el tiempo es el evento más difícil y valioso de nuestro viaje.

Basta pensar en lo importante que es estar conectado con la Tierra, ya que es la base de estar aquí. Es como la base de un árbol conectado a la Tierra y que tiene raíces y continúa creciendo, mientras se conecta con el Universo.

Ser capaz de crear un diario habitual le ayudará a estar conectado a tierra, mientras recopila información importante que será útil para aclarar varios mensajes.

 Tenga en cuenta que este diario le resultará útil a lo largo de su viaje. Un Diario es una colección de artículos como en una revista (como tener su propia revista), que se revisarán y leerán regularmente durante el año. Una revista presenta las investigaciones más recientes escritas por expertos.

Lo que esto significa es que estará escribiendo excelentes mensajes de expertos como arcángeles, guías y de la Fuente.

Si está recibiendo estos mensajes, significa que está listo para comprenderlos y utilizarlos, de lo contrario no le serían entregados. Algunos mensajes son visuales y, si no está listo para verlos, no se los mostrarán. Hay mensajes a nuestro alrededor. Solo necesitamos tomarnos el tiempo para observarlos y estar abiertos a ellos.

Entendamos la diferencia entre una agenda y un diario. Una agenda es un libro para registrar eventos a medida que ocurren. Un diario es un libro que se utiliza para explorar ideas que van tomando forma.

Seleccionará cuál de estos dos estilos le conviene. Creo que siempre terminamos con una combinación mágica de ambas habilidades de escritura para una intención y un objetivo común, pero no se sorprenda si recibe mensajes en un estilo específico ... simplemente hágalo.

Al comenzar un diario, busque el mejor espacio para escribir. Asegúrese de asignar un cuaderno específicamente para esto o compre un diario físico.

Cierre los ojos y sienta el mensaje, vibre con el mensaje, luego sumérjase y comience a escribir.

Cuando vaya a una Ceremonia, es recomendable que lleve un bloc de notas o un dispositivo de grabación con el que se sienta cómodo.

Asegúrese que se le permita llevar estos artículos antes de ir. Mientras esté bajo el efecto del medicamento, experimentará mensajes que le llegarán y tal vez desee escribirlos.
Esta no es mi forma de hacerlo, pero depende de cada individuo.

He visto a personas recibir una historia completa como mensaje, y estoy seguro de que debe ser fantástico, pero mi experiencia personal al transmitir o escribir mensajes generalmente ocurre después de procesar el mensaje de manera analítica y racional.

A veces puede experimentar imágenes o visualizaciones que son parte de sus mensajes.
Es importante tener un diario o un bloc de notas cerca, para que pueda escribir lo que fluye a través de usted.
Tenga en cuenta que estos mensajes o información no sólo ocurren durante el tiempo que esté tomando el medicamento, sino que, como mencioné antes, también ocurrirán después.

Recuerde que el medicamento lo llevará a los lugares a los que debe ir, a áreas en las que necesita trabajar, quizás áreas que ha estado ignorando.

Sea abierto, sea receptivo y entréguese a la experiencia de aprendizaje.

Encuentro útil tener un bloc de notas en mi mesita de noche y uno conmigo durante el día. Tenga en cuenta que también puede recibir mensajes a través de sus sueños.
Asegúrese de escribir los mensajes tan pronto como los reciba. Si no lo hace, existe la posibilidad de que no los recuerde y los pierda.
En los detalles de los sueños es donde vas a encontrar la información más importante.

Por lo tanto, cuando vaya a una Ceremonia de "Plant Spirit" (Planta Sagrada) y se tome la medicina, es posible que pueda comprender esos mensajes de inmediato o en un futuro cercano.
A veces recibo los mensajes rápidamente, y otras veces no puedo recibirlos en el momento de entrega. Es por eso que sigo reforzando que no debemos tener expectativas ... solo fluir y entregarnos a la información.

Otra razón por la que debes llevar un diario es que si está practicando cualquier otro tipo de técnicas de medicina alternativa, puedes ver cómo se relacionan entre sí.

Tómese esto en serio, y lo que puede no tener sentido hoy lo tendrá totalmente en unas pocas semanas o meses. Si recibió un mensaje y pudo recibirlo, créame, fue para usted. Sólo necesita tomarse el tiempo para interpretarlo orgánicamente... y lo hará.

Revise su viaje

e intente conectar los puntos entre sí!!

INTEGRACIÓN DE MENSAJES

La integración de mensajes puede llegarnos de muchas maneras y formas.

Creo que ciertos mensajes reaparecen de diferentes formas a lo largo de nuestro viaje de vida, hasta que estemos listos para verlos, comprenderlos y finalmente interpretarlos.

A veces, recibimos un mensaje que creemos entender, pero luego vemos que no fue lo que pensamos, sino algo totalmente diferente.

Si lo recuerda, en un capítulo anterior describí mi experiencia con la muerte de la mamá de mi ex-pareja, la muerte de su mascota y el final de nuestra relación.

Debido a esas experiencias, creí que necesitaba aprender acerca de la sensación de pérdida y ser más espiritual al aprender sobre las transiciones.

Era una analogía obvia basada en eventos, pero había otro mensaje dentro de este mensaje.

A lo largo del proceso de implementación de ese mensaje original, se ocultó un mensaje verdadero y más profundo.

Estaba oculto porque no sabía cómo permanecer abierto y dejar fluir los mensajes. Llegué a la conclusión prematuramente, sin mirar el panorama completo.

Necesitamos prepararnos para los mensajes de modo que cuando los recibamos, podamos intentar interpretarlos e integrarlos sin apresurarnos a emitir juicios.

Necesitamos dejar nuestro ego a un lado junto con la urgencia de curar nuestro problema y concentrarnos conscientemente en conectarnos con nuestros guías para su confirmación.

El mensaje que debía aprender era sobre ¡DEJAR IR!

Dejando ir lo que tenía y ahora ya no tengo, como:

• Dejar ir mi relación.

• Soltar un cuerpo físico durante la transición.

• Dejar ir el drama emocional que creé en mi mente.

• Dejar ir el apartamento que compartía con mi pareja.

• Dejar ir a alguien con quien pensé que pasaría el resto de mi vida.

• Dejar ir las fantasías.

Muchos mensajes estuvieron involucrados en este proceso y muchas lecciones continúan desarrollándose hasta hoy.

Es importante saber quién es y creer en usted mismo. Hónrese y esté abierto a estas experiencias, incluso cuando sean dolorosas.

Puede llorar, gritar y sentir el dolor, pero sepa que no se quedará en él. Sentiremos dolor y lo dejaremos ir. Es importante conocer y reconocer sus miedos y sentimientos. Esté abierto para permitir el proceso de implementación y el tiempo que necesita para recibir mensajes verdaderos.

Les digo, mis lectores, que dediquen su tiempo, energía y dones al proceso, creyendo en lo que están haciendo. Continuaré mencionando la importancia de la conciencia con nuestras intenciones y nuestras acciones.

Como el Universo tiene campos de observación e inteligencia, nosotros también los tenemos, y debemos usarlos conscientemente para desarrollar nuestro estado de felicidad.

Permítase entregarse a este hermoso proceso sin expectativas y con el corazón abierto. Recuerde que está tomando esta Medicina porque usted decidió hacerlo.

Usted cree en esta Medicina y está listo para recibir estos mensajes porque se tomó el tiempo para prepararse para la Ceremonia.

¡Usted es Luz!

¡Es especial!

¡Es hermoso!

¡Se merece ser feliz!

CAPITULO 12
RESULTADOS Y APRENDIZAJES DE MI VIAJE

NUEVA RUTINA…. NUEVO YO

Cuando comenzamos a pensar en cómo incorporar nuevos comportamientos o sistemas en nuestra rutina diaria, puede volverse muy abrumador.

Estamos hablando de cambiar diferentes tipos comportamientos para ayudarnos y apoyar o asistir a nuestro proceso de curación.

Este componente del proceso de curación es tan importante como el de la Medicina de las Plantas Sagradas en sí, ya que trabajarán juntos y lo ayudarán a trabajar en un proceso organizado y holístico para lograr su resultado.

El éxito de esta nueva rutina ocurrirá sólo si lo hace consciente y responsablemente, y si realmente está honrando su deseo alineado con una intención consciente.

Durante una ceremonia de Medicina de Plantas Sagradas, mientras estaba bajo el efecto de la medicina, las cosas me parecieron mucho más simples. Obviamente lo eran, ya que mi consciente y mi subconsciente estaban casi juntos, y se permitían comunicarse de una manera muy orgánica, sin barreras ni ego presentes, como juez de lo que estaba bien o mal.

El efecto de la medicina, en mi caso, me permitió ver las cosas de una manera muy clara y orgánica sin poner ningún tipo de resistencia a lo que estaba experimentando y sin problema alguno.

Lo más importante para mí en este capítulo es traer de regreso esa hermosa información recibida en la ceremonia y poder compartir con ustedes como hice para incorporar, integrar y asimilarla en mi rutina de vida, y espero que ustedes puedan también poder lograrlo.

A veces podemos comprender conscientemente lo que se debe hacer, pero la implementación de nuevas ideas, rutinas o sistemas a diario puede ser un desafío. El desafío comienza cuando intentamos conectar pensamientos conscientes con nuestra mente, emociones, deseos y metas. Eso es mucho, ¿no?

Piense en ello como si tuvieran que coexistir todos juntos sin discutir, respetando las posiciones de los demás.

Cada sentido tiene su rol y misión y, por supuesto, se producirán negociaciones y resistencias entre estos sentimientos.

Sin embargo, no se debe permitir discusiones ni enojarse entre ellos, sólo escucharse y permitirse que cada una de sus emociones tengan su tiempo y atención.

Debe tener el control y tener claro lo que quiere, posiblemente se convertirá en un árbitro, así que sea flexible consigo mismo.
Todo tiene que trabajar en conjunto, y como en cualquier equipo de trabajo habrá períodos de aprendizaje, adaptación y comunicación como parte del esfuerzo y el trabajo en equipo.

Ser capaz de lograr estos nuevos cambios de manera integral o natural, sólo será posible si está decidido a seguir sus deseos y se compromete a hacerlo conscientemente, mientras se honra a sí mismo, su paz y su equilibrio.

Me gustaría aclarar que nunca he dicho que el trabajo de su parte no sería necesario. ACLARO!

Muchas veces me cuestioné sobre la cantidad de trabajo y energía que implica este proceso. Incluso algunos de mis clientes me preguntaron si realmente era necesario.

Me di cuenta de la cantidad de energía, dedicación y trabajo que había que involucrar para intentar sanar, resolver, incorporar y asimilar nuevos comportamientos.
Recuerde, el punto más importante es el resultado de sentirse bien, libre y satisfecho mientras dejamos ir lo que no queremos o lo que no nos contribuye nada positivo en el presente. Créame, vale la pena invertir el tiempo y la dedicación y lo haría todo nuevamente una y otra vez.
Constantemente me recuerdo a mí mismo que tengo que continuar y enfocarme en trabajar en cosas y situaciones específicas como parte de mi evolución y aprendizaje, el crecimiento personal y la felicidad.

De lo contrario, todo sería de nuestro agrado y no sería necesaria ninguna evolución.
La belleza de este proceso se produce cuando nos vemos a nosotros mismos de una manera humilde y honesta.
Es entonces cuando empezamos a aceptarnos a nosotros mismos en su totalidad con nuestros dones y nuestras faltas, nuestros miedos y nuestras sombras y todas las áreas que necesitamos mejorar.

El autodescubrimiento no siempre es divertido, como mencioné en otro capítulo. Sin embargo, es necesario e importante estar en contacto con su yo interior. La necesidad de profundizar y hacer una búsqueda interior para encontrar las verdaderas respuestas es lo importante para cambiar.
Es fundamental estar 100% comprometidos con nuestros deseos e intenciones. El compromiso es el primer paso que debemos dar para poder hacer este proceso de cambio. Con el compromiso también viene la responsabilidad.

Asumir la responsabilidad y comprometerse con el deseo de ser feliz, el deseo de sentirse bien, estar en equilibrio y enfocado en sus deseos, es importante y necesario.
Con este lindo proceso se va a dar cuenta que comenzará alineando sus deseos con sus intenciones con muchos otros elementos.

Entenderá cómo todo necesita estar alineado y vibrando en la misma frecuencia o similar para funcionar orgánicamente.

Ser capaz de comprender estos pasos lo ayudará a comprender la importancia y el poder de sus pensamientos.

Estos pensamientos deben estar alineados con usted mismo, sus deseos y con la Fuente.

Sus pensamientos tienen poder vibratorio y son tan poderosos como su intención. Ahora puede comprender que al controlar sus pensamientos, puede controlar el proceso, o al menos, apoyar el proceso.

No es difícil para una persona analítica comprender racionalmente estos pasos. Una vez que se comprende su importancia, que es la parte más difícil para la mayoría de nosotros, se puede poner en práctica lo emocional.
La práctica será como un acuerdo de estos pasos con sus emociones, pensamientos, vibraciones y todo lo anterior. Se trata de alcanzar esa convivencia en una vibración armoniosa, mientras apoya y mantiene estos nuevos cambios necesarios en su rutina.

Cuando comencé a comprender estos pasos, comencé a encontrar formas de implementarlos en mi rutina diaria. Como parte de mi implementación, fui a mi lado creativo y encontré formas que me ayudarían a mantener estos cambios en su lugar.

Empecé a pensar en cómo podría incorporar estos nuevos cambios y comportamientos en mi nuevo estilo de vida. Me conozco a mí mismo, y para mí personalmente, primero tiene que tener sentido racionalmente, así que comencé a crear muy pequeños cambios en mi rutina mientras trabajaba hacia la meta. Es muy difícil para mí mantener una nueva rutina si los cambios son muy diferentes de mi rutina diaria actual.

La idea es sumar y restar poco a poco en su rutina actual y no crear una rutina completamente nueva.

Creo que es difícil o desafiante para la mayoría de nosotros.

Se necesita un promedio de 21 días para cambiar o romper un comportamiento con responsabilidad, trabajo y energía constantes para lograr su objetivo. Entonces, ¿cómo alteramos o modificamos una rutina actual con nuevos comportamientos? Como mencioné antes, encontré el éxito en la incorporación de pequeños cambios a mi rutina diaria.

¡Estos pequeños cambios
tienen que tener sentido para USTED!

En mi caso, tenía que tener sentido racional y emocionalmente, por lo que no sería una sorpresa para mi cerebro o mi cuerpo que anhelaran mis viejos patrones.

Muchas veces, comienza a cambiar algo en su rutina porque un amigo o colega se lo pidió. En verdad, puede que esté recibiendo buenos consejos de estas personas, pero usted no es esa persona.

Todos somos diferentes, y lo que funciona para ellos puede no funcionar para usted, sólo por la sencilla razón de que no puede resonar con la sugerencia o la implementación de tal.

Necesita conocerse a sí mismo para poder crear y sugerir nuevos cambios en su rutina, para que se sienta orgánica y natural. La idea es comenzar a integrar estos cambios en su rutina actual casi como si ni siquiera los sintiera o los notara.

Hacer cambios en un modo orgánico es la forma más fácil de poder sostener y mantener ese nuevo cambio porque no lo sentirá como algo totalmente fuera de su patrón de comportamiento normal.

Durante muchos años cometí un error muy común.
Cada vez que quería abordar un nuevo problema en mi rutina diaria o quería cambiar un patrón o un comportamiento, solía borrar todo lo que venía haciendo y comenzar como con una pizarra limpia, de cero.

Pude hacerlo muy bien de manera racional, pero cuando llegó el momento de la implementación, fue muy estresante y difícil.
El proceso de implementación fue muy desafiante para mí. Por lo general, necesitará modificar o sumar o restar como mencioné antes.
Necesitará mirar el panorama completo, como se dice en inglés THE WHOLE PICTURE.

Cuando solía empezar de cero no estaba teniendo en cuenta mi rutina actual. No estaba considerando lo que TENÍA, en lo que ya se había TRABAJADO, lo que SABÍA y había APRENDIDO, lo que LOGRÉ, lo que SENTÍ y DISFRUTÉ mientras creaba esa rutina. `

En cierto modo, no estaba honrando mi trabajo y no me estaba tomando el tiempo para sacar lo bueno de esa rutina y dejar mi ego a un lado y admitir que no TODO no estaba funcionando, y permitirme sumar o restar lo que no funcionaba para mí, AHORA.

Era obvio que en un momento la rutina funcionó, pero como todo, evolucionamos y las situaciones también evolucionan, y nuestra rutina puede volverse obsoleta y necesitar trabajo o algún tipo de puesta a punto para seguir contribuyendo a nuestra felicidad.

¡Pero espere! - ¿Dije que nuestra felicidad debe ser parte del plan? - ¡Por supuesto!

Para que algo sea sostenible en su vida, tiene que tener algún tipo de sentimiento placentero.

Esa sensación de bienestar debe ser parte del plan. De esa forma será más fácil realizar los cambios.

La felicidad nos dará el equilibrio del nuevo cambio con la resistencia y el ego. Solo tenemos que concentrarnos en sentirnos bien, y ese será otro motivador para hacerlo.

Entonces, comencé a comprender que no estaba tomando en consideración mis gustos y disgustos, por lo que la frustración y el ego comenzaron a ser más pronunciados en el proceso.

Ser capaz de evitar alcanzar este nivel de frustración o confusión es el comienzo del éxito. Sin embargo, la mayoría de nosotros cuando nos sentimos frustrados y confundidos, tendemos a abandonar un proyecto.

La razón de esto es que simplemente no nos brinda ningún tipo de placer, así que recuerde que el placer debe ser parte de su plan.

El éxito para mí se basó en poder implementar una nueva idea sin descartar lo que ya había aprendido y comprobado que funciona. La clave es poder incorporar cambios que mejoren el plan actual de una manera no amenazante para su cuerpo, mente y espíritu.

El primer paso es determinar cuál es el objetivo final de lograr y escribir cómo se siente orgánicamente acerca de los cambios. Mientras realiza su búsqueda interior, escuche su voz interior y piense en los cambios que deben suceder para comenzar su proceso de curación o para cualquier otro objetivo. Creo que este proceso se puede aplicar a cualquier tipo de rutina.

Por ejemplo, sufro de acidez estomacal, comúnmente llamado reflujo, para el que he estado tomando medicamentos durante muchos años.

Quería dejar de tomar medicamentos tradicionales, porque quería tener un estilo de vida más natural.
Este fue un gran momento y una gran oportunidad para ver cómo podía usar los métodos complementarios naturales y/o alternativos en mi propia rutina y estilo de vida también.

Este es uno de los mensajes que he estado recibiendo desde que comencé mi primera clase sobre estudios de sanación con energías.
Sabía que estaba entrando en este nuevo campo con la intención de crecimiento personal y sanación, y también como profesional para transmitir este conocimiento.

De alguna manera sabía que necesitaba hacer este estudio para poder trabajar en el camino clínico real del cuidado de la salud en el que he estado durante más de 25 años.
Esto fue muy claro, y mi intención se estableció desde el principio. Verás cuando termines de leer este capítulo, lo importante que es escuchar tu intuición, guías y mensajes, mientras sigues tu intención y deseos.

Uno de los mensajes que también recibí durante mi participación en la ceremonia Medicina de Plantas Sagradas, fueron los guías espirituales que me mostraban cómo resolver mis problemas.
Me mostraron cómo recuperar el control de las situaciones, en general. Me mostraron cómo lo había estado haciendo por los demás, pero que ahora era el momento de hacerlo por mí mismo.
La Medicina siempre lo ayudará de forma misteriosa e inteligente. Lo llevará de manera integral a las áreas en las que necesita trabajar.

Por eso es tan importante estar abiertos y dispuestos a recibir los mensajes sin resistencias ni expectativas.
Lo crea o no, es parte del tratamiento que necesita.
 Estos mensajes y tratamiento que recibirá durante la ceremonia son muy importantes a los que debe prestar atención, y debe apuntarlos para recordarlos más adelante.

En mi caso, mi mente y mi proceso de pensamiento tardan al menos 24 horas en procesarlos correctamente. Por lo general, recibiré los mensajes al día siguiente y, a veces, recibiré el mensaje en su totalidad con sub-mensajes e interpretación incluso hasta una semana después del día de la ceremonia.

Este libro es un ejemplo de cómo los mensajes recibidos durante y después de la ceremonia todavía se amplifican y detallan mientras los escribo.
Creo que la comunicación y el poder transmitir mensajes es mi misión y este libro es la confirmación. Mientras sigo recibiendo mensajes y detalles sobre ellos, seré sólo un canal para ellos y un servidor (medio) para divulgarlos.

Espero que esta explicación sobre los pasos que tomé como parte de mi plan pueda beneficiarlo o darle una idea sobre cómo incorporar cambios en su nuevo enfoque de rutina.

Una vez que establecí ese deseo claro y decidí responsabilizarme de apoyar ese deseo, comencé a pensar en cómo podría lograr mi intención y deseo con alguna manifestación.
WOW ... iahora estamos hablando de manifestación! ... un gran momento y nuestro objetivo final en este caso. (Una vez me llamaron MANIFESTADOR y todavía me río de eso ... pero ¿lo soy? ... ¿Puedo serlo?)

Por lo tanto, cuando tuve el deseo de dejar de tomar el medicamento para el reflujo ácido, me pregunté:

"¿Por qué quiero hacerlo? ¿Cuáles serían los beneficios? ¿Qué tan comprometido estoy en encontrar la manera de dejar de tomar el medicamento? ¿Estoy comprometido con este cambio? ¿Estoy dispuesto a concentrarme e invertir tiempo y energía en ello? "

Permítanme mencionar que mi reflujo ácido no es el tipo más común que se manifestará en dolores de estómago o síntomas de quemaduras en el estómago.

Mi condición se llama reflujo laringofaríngeal, LPR. El reflujo laringofaríngeal es una afección en la que el ácido que se produce en el estómago sube por el esófago y llega a la garganta. Los síntomas incluyen dolor de garganta e irritación de la laringe, y los tratamientos consisten principalmente en cambios en el estilo de vida.

Como cantante profesional, me estaba preparando para un show y me di cuenta de que no podía tener un tono perfecto en algunas notas. Me sentía como si tuviera un resfriado en la garganta, pero no había otros síntomas presentes y esta condición estaba interfiriendo con mi canto.

Si queremos profundizar en esta situación, estaba afectando mi Chakra # 5, el Chakra de la comunicación que se encuentra en la zona de la garganta.
No me extenderé sobre este tema, ya que es demasiado extenso y apasionante para hablar de él a la ligera.
Seguramente, muy pronto, en otro libro, hablaré acerca de los chakras y su importancia.

Al principio, escuché a mi madre y a mi amiga decirme que no era nada.

Mi mamá, enfermera, me estaba visitando con mi papá y me dijo que todo estaba en mi mente ya que no tenía ningún síntoma para poder entender porque me sentía con ese resfrío.

Tenía buenas intenciones, ya que sabía que yo no tenía fiebre ni ningún otro síntoma y me encontraba bien. Ella me dijo que fuera a un especialista, pero que no me preocupara. Mis amigos me decían que era solo un resfriado...

Nadie sabía de mi condición, pero todos intentaban ayudarme con sus recomendaciones. Este es un ejemplo de lo importante que es conocerse a sí mismo y escuchar su voz interior e intuición.

Decidí acudir a un especialista y comenzar la búsqueda clínica de la investigación.

Acudí a cinco médicos diferentes especializados en oído, nariz y garganta, otorrinolaringólogos, porque no estaba satisfecho con los resultados que estaba obteniendo. Estaba tan concentrado en mi mente y tan seguro de que tenía algo más o algo relacionado con otra enfermedad.

No quería estar enfermo, pero no podía entender cómo podía tener reflujo ácido sin dolor ni síntomas.

Lo gracioso es que, mientras escribo esto, en este preciso momento, me llegó un mensaje a mi oído derecho que decía ...

¡NO ESTABAS PRESTANDO ATENCIÓN!

HABÍA síntomas, y simplemente no les prestaste atención. "Gracias, Ángeles por el mensaje, y tienen razón, no estaba escuchando, seguro ".

Después de visitar a tantos especialistas y recopilar sus informes, para mi sorpresa, todos llegaron a la misma conclusión. Mi último médico (el médico n° 5) me dijo: "Escuche, no estoy seguro de por qué no quiere ver esto por lo que es, y le sugiero que deje de buscar más".

Tengan en cuenta que me clavaron más de 100 agujas para detectar alergias, entre otras investigaciones sobre este tema. Me di cuenta de que necesitaba aceptarlo, hacerme amigo de la situación y responsabilizarme de mi situación actual.

Me pregunto por qué opuse tanta resistencia en ese momento. La verdad es que necesitaba soltar el control. El mensaje para mí era dejar de lado el drama de la telenovela que tenía en mi mente, diciéndome que tenía algo más.

Es importante ver cómo un instinto puede convertirse en una obsesión que no aportará nada positivo a su viaje. Esta basura mental es solo una interrupción. Como pueden ver, el drama no me ayudó, y podría haberlo detenido si hubiera estado más enraizado y hubiera prestado mejor atención.

Sabía que necesitaba soltar el control, así que me rendí y acepté el diagnóstico y comencé a hacer algunos cambios para mejorar mi situación actual.

Investigué cómo dejar de tomar medicamentos para el reflujo ácido y descubrí que podía resolverse con un cambio de dieta, reducción del estrés y pérdida de peso.

Sabía que un cambio de dieta podría modificarse muy fácilmente, pero como un 82% descendiente de italianos de Argentina, iba a ser un desafío.

Sabía que la mayoría de los alimentos relacionados con mi cultura siempre incluirían algunas verduras que se suponía que no debía comer con reflujo ácido.
¡Mi desafío estaba en marcha! Y me pregunté: "¿Cómo puedo comer comidas sin tomates, cebollas o incluso beber vino o cualquier otro tipo de alcohol?" (Me río mientras escribo estas líneas y puedo sentir al Sr. Ego desafiándome).

Mi primer desafío fue asumir la responsabilidad por las cosas que estaba dispuesto a cambiar y que podía cambiar, y aquellas cosas que no estaba dispuesto a cambiar o sabía que serían demasiado difíciles de dejar fuera de mi dieta.

Creo que, en cualquier caso que cambie su estilo de vida, es posible que tenga que hacer algunos compromisos. Creo que parte del compromiso y el éxito de cualquier plan es la capacidad de ser flexible y asumir la responsabilidad de las decisiones que toma.

Las cosas rígidas no son flexibles. Si ingresa a una dieta o tratamiento rígido sin ningún tipo de compromiso o flexibilidad, no funcionará para usted. Sabía que no funcionaría para mí. Sabía que necesitaba ser creativo.
La creatividad puede convertirse en su mejor amiga, como parte del arte de implementar un plan, respetando sus necesidades, deseos y anhelos.

Luego hice una lista de cosas que estaba dispuesto a cambiar y una lista de cosas que no estaba dispuesto a cambiar.

A veces las cosas que no estaba dispuesto a cambiar son las que sé que van a crear algún tipo de conflicto con alguna área de mi persona, pero la idea era hacer los cambios más fáciles y amigables a mi rutina diaria, para poder ayudar a lograr mi objetivo.

Esto le ayudará a crear una nueva rutina más factible y realista para usted. Recuerde que desea modificar su rutina actual.
Quiere implementar nuevos comportamientos o cosas nuevas en su rutina actual.

Mientras realiza estos cambios, no se sentirá amenazado ni desafiado para mantener el ajuste a la rutina actual de su vida.

Desea agregar nuevos comportamientos para poder comenzar a ver resultados. Al final del día, debe estar contento con las rutinas que está cambiando.
Si puede celebrar y apoyar los nuevos y pequeños cambios con un claro deseo de manera responsable, los grandes cambios se sostendrán por sí mismos, ya que no serán un desafío o un cambio desagradable en su rutina diaria.

Por lo tanto, en ese momento pude comprometerme con un cambio. Me sentí bien.
Me sentí bien porque me comprometí a lograr y manifestar un deseo, así que comencé a pensar en mi rutina diaria.

Conociéndome a mí mismo, sabía que podía cambiar mi dieta y disminuir la cantidad de comida que no era apropiada para mis síntomas. Asumí la responsabilidad de dejar de comer alimentos grasosos y reducir la cantidad de tomates y cebollas que comía.

También sabía que el ejercicio era un paso muy importante. Sabía que necesitaba perder peso como parte del plan de apoyo, pero no era mi objetivo o intención principal.

¡Ese es otro desafío en sí mismo! - ¿No es así?
Sin embargo, no puse toda mi intención en perder peso. Me reenfoqué y volví a mi deseo inicial, que era dejar de tomar la medicación para mi reflujo ácido y resolver mi problema de canto debido a la inflamación que estaba experimentando en mi laringe.
Estaba muy feliz de ver cómo todo se alineaba orgánicamente con mi nuevo ajuste en mi estilo de vida.
Perdí algo de peso y eso ayudó a mantener mi objetivo. Aceptaré como incentivo esta pérdida de peso debido a los cambios en mi dieta.
Esta es otra forma de apoyar y sostener los nuevos cambios en el estilo de vida.

¿Ve cómo se integra todo? En ese momento, pude entender cómo el cambio de dieta, junto con el compromiso que estaba haciendo conmigo mismo, no solo reduciría o eliminaría la medicación, sino que también me ayudaría a lograr otros objetivos.

Era importante ver que tomar el control era lo que estaba aprendiendo, tomar el control y querer resolver un problema, tomar el control de mi felicidad y sentirme bien.
Aquí es cuando necesita recordarse a sí mismo que debe detener el drama, hacerse cargo, ser responsable y hacer los cambios necesarios para que se sienta bien y lo ayude a vibrar a su nivel más alto.
Esta es una forma sencilla de hacerse feliz, una vez que esté comprometido y listo para enfrentar sus miedos y desafíos.

En ese momento, también comencé a investigar otras formas de apoyarme y ayudarme con este nuevo cambio en mi estilo de vida.

Bebía mucha agua como parte de mi rutina diaria y, en mi investigación, pude encontrar información sobre el agua alcalina y su efecto positivo sobre el reflujo ácido. Como parte de mi rutina diaria, siempre me esforcé por beber más agua. Bebía agua del grifo filtrada y agua embotellada. Estaba orgulloso de mí mismo porque estaba en esa rutina de hidratarme y enjuagar mi sistema para mantenerlo saludable y funcionando. Ahora, el agua alcalina se ha convertido en parte de mi rutina diaria.
Además, mi rutina se complementó también con un régimen de vitaminas.
Aprendí mucho sobre las hierbas y su efecto en el cuerpo. Estar sano y comer sano se estaba convirtiendo en mi prioridad con todos estos cambios.

Quiero mencionar que este proceso me tomó varios años para llegar donde estoy hoy. Una de las razones fue que no tenía la información que poseo actualmente. La belleza de este proceso es que una vez que ponga una intención consciente en sus manos, esa intención estará con usted siempre. La rutina siempre se puede alterar y ajustar porque está haciendo consciente y continuamente lo que es necesario para que usted se sienta bien.
Recuerde que Dios, la Fuente y/o el Universo le darán los resultados que necesita y merece, así que aquí tiene otra confirmación del poder de una intención clara y consciente.

Después de mi investigación sobre el agua alcalina, comencé a beberla como parte de mi rutina diaria.

Este fue un cambio muy sencillo para mí.
Esta es una confirmación de cómo necesita implementar cosas, comportamientos y sistemas nuevos en su vida sin borrar por completo su rutina actual. Después de que comencé a implementar el agua alcalina, pude encontrar otros recursos con el mismo propósito de controlar mi LPR.
Covid-19, de alguna manera me ayudó a conectar algunas cosas en mi rutina. Comencé a buscar cómo mejorar mi sistema inmunológico para protegerme del virus, además de lavarme las manos y cubrirme la cara, además del distanciamiento social.

Durante este tiempo aterrador e incierto del virus, comencé a concentrarme en hierbas naturales y vitaminas para estimular mi sistema inmunológico.
Cuando estaba preparando mi régimen de vitaminas de apoyo, me encontré con un nuevo descubrimiento para mí.

He estado tomando probióticos por un tiempo y creo en su beneficio. Durante mi investigación, aprendí el efecto y el beneficio de Lactobacillus Acidophilus, como probiótico para el reflujo ácido.

Lactobacillus Acidophilus es un tipo de bacteria que se encuentra en los intestinos. Los suplementos probióticos que contienen Lactobacillus Acidophilus se utilizan comúnmente para los síntomas de acidez y reflujo.
Los probióticos o bacterias "amistosas" pueden ayudar a mantener un equilibrio en el sistema digestivo entre las bacterias buenas y las dañinas.

La idea de tomar un tipo específico de probiótico, que también podría ayudarme con el problema del reflujo ácido, fue un paraíso para mis oídos.

———

Comencé a implementar la nueva idea. Complementé el probiótico que estaba tomando en ese momento con el Lactobacillus Acidophilus; de esta manera, estaba afinando mi plan y mi rutina sin perder mi intención.
Como alguien con mente clínica y creatividad, sumo dos y dos.
Empecé a tomar agua alcalina con este nuevo probiótico. Comencé a combinar ambos en mi rutina diaria. En lugar de tomar mi medicamento para el reflujo ácido, pude complementarlo con un vaso de agua alcalina y una pastilla de este probiótico. Pude sentir la diferencia en una semana. Esto también demostrará que mi rutina diaria se alteró mínimamente con muy poco esfuerzo. No requirió mucho de mi parte cambiar mi rutina diaria, y fue fácil mantenerla.

Para mí era importante ser feliz. Ser feliz, mientras hacemos cosas buenas para nuestro cuerpo de manera orgánica y holística, es mi lema.

CAPITULO 13
INTEGRACIÓN DE MENSAJES

DEJARLO IR ... DEJAR IR... SOLTAR

Dejar ir es algo fácil de decir, pero difícil de hacer conscientemente, sin mentir ni engañarse.

Dejar ir es un proceso que debe realizarse en un estado completo de consciencia para que comience una verdadera curación. Obviamente, nuestras emociones deben estar alineadas con la intención, para que nuestro ego no interfiera ni detenga el proceso.

Dejar ir es posible, pero sólo si realmente lo desea. Es un proceso muy desafiante, pero eso no significa que sea demasiado difícil de realizar. La parte más difícil es prepararse y asumir la responsabilidad de su deseo.

El aprendizaje de este proceso siempre se me fue presentado por medio de la Fuente Divina, el Universo, de muchas maneras, a lo largo de mi vida, y estoy seguro de que también usted lo ha podido experimentar de un modo u otro.

Lo que me di cuenta es que no estaba observando, comprendiendo, ni prestando atención a los mensajes a través de los eventos que se me presentaban y estaba viviendo.

Mi viaje a San Pedro y Ayahuasca comenzó como parte de mi intención de dejar ir mis penas y mi corazón dolorido. Sabía que necesitaba dejar ir los sentimientos, las emociones y el drama que se repetían en mi mente. Sabía que, cognitiva y racionalmente, para hacer esto, tenía que dejar mi ego a un lado y dar la bienvenida a la paz y el equilibrio como una prioridad en mi vida.

Mientras escribo esto, me siguen llegando mensajes que continúan corroborando y aclarando mis pensamientos. Al transmitírselo quiero estar seguro de que puedo ser lo más claro posible, para que los capte "en bruto" cuando los reciba.

Todo empezó cuando la madre de mi expareja su transición hacia al otro lado, en Nueva York, hace unos meses atrás.

Había estado luchando contra el cáncer durante muchos años, pero se estaba esparciendo su enfermedad por todo su cuerpo.

Mi relación con ella siempre fue cordial y agradable. Se esperaba su situación en la que se encontraba, y ella misma estaba muy involucrada en el proceso y estaba dispuesta a fluir con su situación sin resistirse a la transición. Una situación muy movilizarte y admirable.

Yo estaba en La Florida y mi expareja estaba en Nueva York con su mamá. Estaba esperando la llamada telefónica para avisarme que era hora de ir a Nueva York.

Creo que es relevante aquí decir que él era mi compañero cuando todo esto pasó con su mamá.

Me llamó y me dijo que necesitaba que estuviera allí, así que fui. En ese momento, estaba lidiando con el problema de Covid-19 en Florida y con mi negocio.

Necesito agregar algo aquí que será relevante más adelante. Durante mis años de aprender a ser un sanador con energía, siempre quise ayudar a las personas con su transición hacia al otro lado. Después de aprender y trabajar con los ángeles, mi deseo aumentó conscientemente mientras trabajaba con los Arcángeles a diario.

Uno de mis Arcángeles con el que trabajo es Azrael, y todas las noches hablaba con él y le pedía que me preparara para ser de ayuda si alguien me necesitaba para ayudarlos en la transición.

Azrael es el ángel responsable, en el ámbito angélico, de ayudar con el transporte de las almas después de la muerte. En contraste con algunos conceptos negativos sobre los ángeles de la muerte, el papel de Azrael como Ángel de la muerte es benévolo.

Estoy explicando todo esto porque pude ayudar a la madre de mi expareja, junto con los ángeles, Azrael, Gabriel y Michael durante todo el proceso. No solo estuve allí para ella, sino también para toda la familia y mi pareja en el momento.

No los conocía para nada, pero nuestras raíces italianas, nos unían en una tierra de antepasados y sonidos que no necesitaba mucha presentación para sentirnos en familia.

No tenían idea de mi intención y tampoco era mi intención decírselos.

Algunos de ellos si sabían que yo era un sanador con energía y estaban esperando que le haga algún tratamiento de Reiki y sanación con sonido con mis cuencos tibetanos que había llevado la conmigo en el viaje a New York.

Sentí paz y amor, así como un vínculo muy emocionante con esta nueva experiencia y proceso que estaba viviendo con la familia.

Un día, después de terminar una sesión de Reiki en la mamá de mi expareja, me emocioné mucho cuando estaba trabajando en su 5to Chakra con sus ángeles, Chamuel y Gabriel.

Las lágrimas empezaron a fluir por mis mejillas como dos ríos sin parar. Dejé correr esas lágrimas sin secarlas y terminé la sesión.

Sentí que la energía fluía mientras ella descansaba y abría los ojos lentamente de vez en cuando.

Observé a su hija en la habitación y a su hijo meditando. Ellos también se estaban beneficiando del proceso. Se convirtió en una curación grupal.

Después de terminar el tratamiento, fui inmediatamente al baño para conectarme a tierra o mejor dicho estar más en presente, lavándome las manos y la cara.

Mientras estaba en el baño, escuché a alguien decir: "Vaya, sus bolsas están llenas de líquidos". La mamá de mi expareja tenía algunos tubos conectados a ella, como catéteres para la orina y drenaje. No sabía que antes del tratamiento, esas bolsas siempre estaban vacías.

Sabía que podía desbloquear algunas áreas, por lo que su energía pudo fluir.

En cierto modo, pudo soltar esos fluidos y liberarlos con mucha calma. Dejar ir era mi mensaje, pero todavía no lo veía.

Estaba más preocupado por el drama y la transición y la comodidad de los demás, y no estaba prestando atención a mi misión de evolucionar o comprender mi mensaje para ser aprendido.

Mis sentimientos sobre este evento que estaba viviendo me recordaron los sentimientos que tuve en mi juventud acerca de poder dedicar un día y estudiar ese vínculo que pensaba que faltaba, pero, ¿realmente faltaba?

En los últimos días de la transición de la madre de mi expareja, estaba con ella sola, manteniendo un espacio para ella y comunicándome con Azrael y Chamuel (su Arcángel), mientras seguía con mi oído, el sonido monótono del respirador en la habitación.

El sonido era cómodo y constante, y pude vibrar a esa frecuencia de decibelios cuando comencé a canalizar y comunicarme con mis guías espirituales y Ángeles. Mientras cerraba los ojos para comunicarme con los guías, sentí la necesidad de mirar su pecho y observé que su respiración comenzaba a cambiar. Su corazón se estaba desacelerando y su respiración comenzó a volverse larga y lenta.

Pude ver el cambio clínico en ella. Mi intención era simplemente estar con ella en busca de fuerza y apoyo, para facilitar su transición sin miedo y ayudarla a permanecer tranquila y cómoda.
Llamé al resto de la familia que estaba en la cocina preparando algo para comer.

Debo admitir que poder ser parte de este momento específico fue una bendición para mí, personalmente, al poder ayudarla a ella y a la familia a pasar por este evento. Los ángeles estaban a nuestro alrededor y el proceso fue perfecto y pacífico.
Su funeral fue muy conservador y complicado debido al problema emergente de Covid-19.

Mi expareja me pidió que cantara una versión contemporánea del Ave María, como parte del servicio de su madre.
Me acompañó en el piano mientras afuera soplaba una tormenta de nieve.

Entre las emociones, las lágrimas y no poder calentar mi voz, le pedí al ángel Gabriel que me ayudara a dar lo mejor de mí por ella y la familia.

Me di cuenta de que necesitaba dejar atrás mis miedos, preocupaciones y ego y continuar con mi verdadero trabajo. Tenía el sentimiento y la necesidad de concluir mi misión, como asistente y persona de servicio, de manera orgánica.

Para mí, fue natural poner mis emociones en una canción y vibrar a un nivel más alto. Fue parte de mi comunicación con Dios y el Universo.
Sabía que necesitaba usar mi música para completar el proceso de curación. Usé uno de los dones que siempre me había acompañado a lo largo de toda mi vida, y luego de tantos años, me di cuenta de que la música era mi forma de practicar mi conexión con Dios, el Universo y mi religión.

Recuerdo estar sentado en la sección del coro de la iglesia antes de cantar, pidiendo ayuda con mi canto.

Miré hacia arriba y vi al ángel Gabriel rodeado de ángeles bebés en un fresco celestial. Sentí la conexión y me quedé mirando la imagen, casi hipnotizado.

Una vez más, recibí el mensaje de "dejarlo ir y FLUIR"."
A quién le importa si su voz no se calienta, sólo sea usted mismo, haga lo que tenga que hacer, envíe sonidos curativos a través de su voz, celebre y honre el proceso."

Fue emocionante y alentador para mí experimentar esos mensajes, y con ellos vino la paz, la confirmación y el amor. Entonces lo dejé ir.
Dejé ir el miedo a no sonar lo mejor posible, el miedo a no cantar las notas altas perfectas y el miedo a emocionarme demasiado.

Todo lo que tenía que hacer era dejar ir los miedos y enviar amor a todos. Resultó que entré en un estado de transfixión y pude cantar toda la canción sin siquiera darme cuenta de que estaba cantando. Pude vibrar en una frecuencia tan alta que ni siquiera recordaba haberlo hecho. Sólo recuerdo haber visto a todos con lágrimas en los ojos cuando sentí una curación atravesándome. Cuando terminé de cantar, pude respirar y no tenía memoria de cantarlo. Fue celestial.

Después de regresar a Florida, dos semanas después, experimenté la muerte del perro de servicio de mi compañero. Fue muy duro, ya que fue inesperado y muy repentino. Justo antes de hacer la transición, bajó las escaleras, nos miró a mí y a mi compañero y pasó de una manera muy tranquila.
Mi compañero había tenido este perro durante mucho tiempo y era muy difícil escucharlo gritar y llorar.

Fue un momento muy poderoso y me tocó el alma profundamente.

Seguramente, esto iba a ser suficiente pérdida por un tiempo, pero aprendí a confiar en mis instintos y mis sentimientos.
De alguna manera, sabía que se avecinaba otra pérdida. Fue la pérdida de mi relación con mi pareja.
Estábamos en el proceso de mudarnos a un nuevo lugar por primera vez. Estaba tan sorprendido. Acababa de ayudar a todos con una transición sin problemas y ahora esto. Ahora me doy cuenta de que sólo estaba sintiendo pena por mí mismo.

De alguna manera detuve ese sentimiento de inmediato, y busqué la lección que iba a surgir de toda esta pérdida.

Tuve que empezar a pensar en qué hacer y cuáles eran las razones por las que tanta pérdida de amor, tanto dolor y alejamientos físicos estaban sucediendo a mi alrededor y tan juntos.

Sabía que necesitaba ayuda para poder continuar en un estado estable y saludable, así que recurrí a una ceremonia de Medicina de Plantas Sagradas. Sabía que era lo que necesitaba en ese momento.

Todo esto sucedía en medio de la pandemia de Covid-19. No solo estaba perdiendo mi relación, mis sueños y planes, también estaba perdiendo parte de mi negocio y los viajes que planeaba a Europa.

Mi rutina se interrumpió, ya que no pude trabajar debido a la "orden de permanecer en casa". No estaba creando, produciendo ni trabajando durante ese tiempo.

Como ser analítico, con una mente clínica, tuve que comenzar terapia psicológica para apoyar y comprender todos los cambios en mi vida de manera consciente.

Mi cerebro necesitaba procesar estas pérdidas de una manera más racional.
Para mí era importante combinar la terapia psicológica clínica con los mensajes que estaba recibiendo y con la Medicina de Plantas Sagradas. Sabía que esa era la curación que necesitaba.

Mientras escribo este libro, comienzo a darme cuenta de los verdaderos mensajes y significados del mensaje original.
Fue para profundizar en el verdadero mensaje que Dios quería que experimentara, viera y entendiera.

Este libro se basa en los mensajes recibidos a través de la ceremonia de la Medicina de Plantas Sagradas, pero se amplifican en detalle ahora, en este momento, mientras les escribo esto. Solo deseo que mi aprendizaje y mi experiencia sean de gran ayuda para los demás. Escucho las voces de Rafael y Gabriel que me susurran al oído: "Necesitabas aprender estas cosas y empezar a trabajar en ellas".

Me di cuenta de que los mensajes que recibía antes y después de mi tratamiento en la ceremonia no se trataba solo de perder a una persona o un elemento emocional o material.
El mensaje era más importante y más profundo que eso. El mensaje que debía aprender era el de "dejar ir".
La muerte de la madre de mi expareja y la pérdida del perro fueron para mostrarme cómo uno deja atrás el cuerpo físico y el alma continúa su misión.

Todos hablamos de esto, pero presenciarlo y vivirlo y estar tan inmerso en ello es diferente y, de alguna manera, más real. El cuerpo físico es solo un cuerpo, pero la transición del alma es parte de la evolución del alma

El mensaje que finalmente me llegó a casa es que no tenemos personas o cosas para siempre. Necesitaba dejarlo ir, emocionalmente. Necesitaba aprender, mientras ayudaba a alguien a transicionar, que dejar ir a un ser querido es parte de la evolución de su alma, además de ser parte de la vida.

Se me mostró física y emocionalmente, no sólo para ver cómo sucede esto, sino para aprender de su transición y no sólo quedarme en el drama de ser egoísta y lamentar estos cuerpos físicos.
Mi relación, que pensé que estaba creciendo y estable, se desvaneció inesperadamente. Me di cuenta de que estaba basando toda mi felicidad en los demás y no me cuidaba y, por lo tanto, me agotaba. Primero tuve que trabajar en eso, para poder entender la importancia de eso.

Ahora puedo entender que aprender no es sólo lo que es visible, sino lo que hay en mis pensamientos y en mi mente. Sólo necesitaba aprender a soltarme. Se me reveló en la ceremonia de Medicina de Plantas Sagradas que necesitaba detener el drama, aprender y dejar ir.

Como parte de mi plan diario de curación, comencé a meditar conscientemente. Descubrí que las meditaciones guiadas e hipnóticas, así como las meditaciones regulares, me ayudaron mucho. Empecé a hacerlas antes de levantarme de la cama por la mañana, y nuevamente, cuando volvía a ella por la noche.

Comencé a practicar afirmaciones y otros métodos para que comenzara el proceso, mientras recordaba todo lo que se me mostró en la ceremonia. Dejar el drama atrás y dejarlo ir….

Creé un mantra positivo para contrarrestar mis pensamientos dolorosos.

También creé una distancia física con mi expareja, para poder dejar espacio en mi corazón para sanar. También era muy importante controlar mis impulsos y otros pensamientos negativos, ya que sólo se sumarían al drama.

Tuve que recordarme a mí mismo que debía ser amable conmigo. Traté de no cuestionarme tanto y dejé que las emociones y los sentimientos vinieran por un tiempo, pero no me quedé con ellos demasiado.

Deles su tiempo y espacio pero luego poder soltarlos. Esta técnica me ayudó a comenzar a controlar mis pensamientos tristes. A veces, dejé fluir los sentimientos negativos. ¿Escuchó la palabra FLUIR? ¡Siéntalo y déjelo ir!

Acepte que es posible que la otra persona no vea la situación como usted. Compréndala y deje de juzgar.

Sea capaz de ponerse a usted mismo primero y dedicarse al cuidado personal como parte de las caricias diarias de su alma.

Los mensajes nos llegan todo el tiempo, todos los días, y se necesita tiempo para captarlos y comprenderlos realmente.

Todavía tengo en mi mente, el momento en que la mamá de mi ex-pareja transicionó y mi tiempo con ella a solas en esa habitación en Nueva York.

Sé que ambos sentimos la presencia del Archangel Azrael en su momento, que su respiración comenzó a ser más lenta.

Puedo ver por qué estábamos juntos para esta lección. Ambos teníamos que aprender algo en común... El dejar ir y soltar... e hicimos precisamente eso con una habitación llena de ángeles, y ANGELA en su cama.

Antes de irme....

Recibí un mensaje del Archangel Raziel para incluir esto en mi libro, para que otros puedan comenzar a descubrir su propio viaje y el hecho de que todos estamos en transición.

Es importante volver atrás y ver que los mensajes pueden ser más profundos de lo que pensamos originalmente. Gracias, gracias, gracias.

Cada día que trabajé en este libro, mi vibración personal comenzó a conectarse emocionalmente con todos mis sentidos y mi mente.

Me pasó algo muy inusual. Estos sentimientos me permitieron alcanzar un nivel de confianza, mientras que una sensación de placer me guío mientras lo hacía.

Una fuente de emociones, sensaciones y en ocasiones, lágrimas corrían por mi rostro sin un motivo concreto. Me pregunté, '¿por qué las lágrimas?' Y luego me recordé a mí mismo que debía dejarlas fluir. Deja ir esas lágrimas.

Déjalo ir. Me estaba conectando con el espíritu de la medicina de la Planta Sagrada, lo que me permitió seguir viendo mis problemas a través de una lupa.

La última vez que asistí a una ceremonia de Planta Sagrada fue única y bastante diferente a cualquier otro momento.

Fue mi viaje, pero un viaje para compartir con aquellos que estaban destinados a leer mis mensajes.
Recuerde siempre que cada vez que reciba y comparta la Medicina de Plantas Sagradas, recibirá un mensaje. Ese mensaje está destinado tanto al receptor como al que lo imparte.
Siempre estamos sanando y aprendiendo y, a su vez, también estamos sanando y enseñando a quienes nos rodean.

Un día mi terapeuta Soledad, me pidió que describiera en una frase "qué era el amor, la aceptación y mi misión". Me dijo que podía ser complicado. Algo dentro de mí me dijo que escribiera una oración justo después de su solicitud.
Me tomé un instante, cerré los ojos y simplemente fluí con mi ser interior en busca de la frase que me pidió.
Y escribí: "Fluir con amor mientras aceptamos lo que nos merecemos con el único propósito de nuestra evolución en un estado de paz, equilibrio y armonía, mental, física, emocional y espiritualmente ".

Después de escribir la declaración, la leí cinco veces y la idea de fluir fue mi forma de soltar la resistencia y el ego que intenta manejar o controlar mis sentimientos y pensamientos.

Por Amor.
Lo hago, o trato de hacer todo basado en el amor, especialmente cuando hablo de mi misión. Su misión siempre debe basarse en el amor, el amor por lo que cree y por lo que quiere trabajar. Ponga amor en el universo por tu evolución y por la evolución de los demás.
Su aceptación debe ser siempre con amor, rodeándose de lo que es.

Aceptar el hoy y lo que se desarrolla de manera divina y planificada.
Rendirse es aceptar, no fallar. Es la hermosa sensación de no oponer resistencia a lo que se avecina en su viaje. En cambio, podrá disfrutar, aprender y evolucionar en su camino en la vida.

"Lo que usted merece" ... Qué gran manera de decir que debe aceptar lo que hay en su vida ahora y también lo que hubo en sus vidas pasadas.

Merece aprendizaje y las enseñanzas, pero también el reconocimiento de lo aprendido en vidas pasadas.
Honrando a nuestros antepasados. Honrando el hoy.

No puede cambiar lo que ya pasó, pero puede modificar lo que sucederá en su futuro con la conciencia y el trabajo, si es parte de su plan divino.

"El propósito del alma de la evolución" ... Evolucionar es, y siempre será, mi propósito académico, espiritual y como ser humano, consciente e inconscientemente. Estar abierto a lo NUEVO y no solo quedarse con lo VIEJO.

'En un Estado de Paz, Equilibrio y Armonía' ... Después de un momento muy oscuro en mi vida, y una profunda búsqueda interior, no me sorprende que estas tres palabras me lleguen ya que son la definición misma de mi felicidad.
"Mental, física, emocional y espiritualmente" ... Creo en la coexistencia de estos cuatro niveles para hacer feliz a una persona. Se apoyan mutuamente como la mayor creación de estabilidad y felicidad de la humanidad. Cuando estos cuatro niveles están alineados y vibrando en su armonía más alta, creo que nos conectan con Dios, la Fuente divina, el Universo y el amor puro.

Al concluir este libro de mi Viaje a La Medicina de Plantas Sagradas: San Pedro y Ayahuasca, les deseo felicidad, amor y energías curativas a través de mi palabra escrita. Toda curación comienza con gratitud y humildad.

Recuerde, tiene el control sobre su felicidad y cómo quiere abordar los eventos. Prepárese para su viaje. Aprenda quién es realmente. Respire amor y exhale pensamientos negativos.

Elija la felicidad y el amor, y entréguese a lo que es sin resistencia.

Ríndase a quien es y deje ir lo que se supone que no debe ser.

LOS AMO... ¡CUIDENSÉ! ... Y gracias, gracias, gracias.

278

SOBRE EL AUTOR

Humberto Fortuna, MA, MS, nació en Buenos Aires, Argentina en 1968. A los 20 años, el Sr. Fortuna obtuvo su primera Maestría en Artes en el Conservatorio de Música de Santa Ana y en 1989 llegó a los Estados Unidos como parte de su viaje.
.

El Sr. Fortuna comenzó su carrera en el campo de la atención médica en el sur de Florida, convirtiéndose en Director de Servicios Sociales en varios centros de atención a largo plazo y como Director de una Unidad para un centro de enfermería especializada para personas con Demencia y Alzheimer.

El Sr. Fortuna recibió su segundo título de Maestría en Administración de la Atención de la Salud, con especialización en Administración de Asilos de Ancianos de la Universidad de Lynn, Florida, 1998.

Luego amplió sus estudios y recibió un Certificado de Posgrado en Estudios del Envejecimiento, Gerontología en 1999.
El mismo año, se convirtió en Consultor/ Asesor de Actividades Recreacionales terapéuticas, certificado por el Consejo Nacional de Certificación de Profesionales de la Actividad. Como emprendedor en serie, creó su propia empresa, Placement Counselors Corporation, en Septiembre de 1999.

También creó otros negocios en diversas áreas, como Scoop for Seniors Publishing y Papinos. LLC como editor de 55+ Magazine actualmente disponible en el sureste de Florida durante los últimos 10 años.

El Sr. Fortuna actualmente tiene su propia práctica privada como Especialista en Geriatría. Ganó el premio Caregivers por un libro que coescribió con Cindy VanDusen, "Todo Lo Que Deber Preguntar Cuando Elige Una Casa Asistida"

Se convirtió en un profesional certificado de Terapias con Angeles, y un profesional certificado de Energy Healer, Regresiones a vidas pasadas y Lector de registros Akáshicos. Continuó su educación convirtiéndose en Sanador a través del sonido certificado y Reiki Master entre otras modalidades en el campo de la medicina complementaria y alternativa.

Como especialista en geriatría en estudios sobre el envejecimiento y como administrador y consultor de atención médica durante más de 25 años, además de músico e intérprete, está fusionando su conocimiento y experiencia con todas estas nuevas técnicas y filosofías para promover su práctica como sanador energético y dedicando su tiempo a educar, promover la Medicina Alternativa y Complementaria con Mente Clínica como Mensajero y Educador.

Humberto está trabajando actualmente en su tercer y cuarto libro: "Tú no eres TOXICO, Es la Relación" y "La raíz de la manifestación consciente de los negocios" y continúa educando a través de talleres y seminarios a nivel internacional.
info@humbertofortuna.com

REFERENCIAS

https://en.wikipedia.org/Mircea_Eliade

https://modernwitchdoctor.com/witchdoctor-blog/f/growing-your-mesa

https://en.wikipedia.org.wiki.Witchcraft in Latin America#cite note:3-2

https://en.wikipedia.org.wiki.Witchcraft in Latin America#cite note:4-3

https://en.wikipedia.org.wiki.Icaro#cite note:Nicole-1

https://awaken.com/2020/09/the-brutal-mirror/

https://www.psychologytoday.com/us/blog/culturally-speaking/2019/12/introducing-ayahuasca

https://qz.com/963683/the-ayahuasca-ceremony-is-going-under-the-scientific-method-microscope/

https://www.frontiersin.org/articles/10.3389/fnins.2020.00563/full

https://www.mindbodygreen.com/0-14913/what-to-expect-during-an-ayahuasca-ceremony.html

https://www.pulsetours.com/the-process/

https://www.theworldisallyours.com/how-to-raise-your-vibration.html

https://www.mindbodygreen.com/0-14913/what-to-expect-during-an-ayahuasca-ceremony.html

https://awaken.com/2020/09/the-brutal-mirror/

https://www.psychologytoday.com/us/blog/culturally-speaking/2019/12/introducing-ayahuasca

https://qz.com/963683/the-ayahuasca-ceremony-is-going-under-the-scientific-method-microscope/

https://www.frontiersin.org/articles/10.3389/fnins.2018.00563/full

https://www.ncbi.nlm.nik.gov/pmc/articles/PMC6182612

https://www.verywellmind.com/how-long-does-mescaline-stay-in-your-system-80281

https://www.pharmadrugtest.com/urine-drug-tests/95-mescaline-urine-test.html

https://en.wikipedia.org/wiki/Soul_dualism
https://en.wikipedia.org/wiki/Healing
https://www.afterlife.coach.after-life-blog/2017/3/4/why -i-quit-ayahuasca-shamanism
http://entheonation.com/blog/how-to-be-an-ayahuasca-shaman/
https://www.ncbi.nlm.nik.gov/pmc/articles/PMC6182612
https://www.verywellmind.com/how-long-does-mescaline-stay-in-your-system-80281
https://www.pharmadrugtest.com/urine-drug-tests/95-mescaline-urine-test.html
https://www.ncbi.nlm.nik.gov/pmc/articles/PMC6182612/
Zeus A. Salazar (2007). "Faith healing in the Phillipines: An historical perspective" (PDF). Asian Studies. 43 (2v): 1-5
Swancutt, Katherine; Mazard, Mireille (2018). Animism beyond the Soul: Ontology, Reflexivity, and the Making of Anthropological Knowledge, New York: Berghahn Books. P. 102. ISBN 9781785338656.